Sammlung der Zeitzeugen

Gertrud Schauber

Kindheit unterm Kirschenbaum
Alltag im Alten Land an der Elbe
1940 bis 1958

Gertrud Schauber, geborene Borgmann, geb. 1938 in Königreich im Alten Land bei Hamburg. Aufgewachsen auf einem Obstbauernhof mit drei Geschwistern. Lehre der ländlichen Hauswirtschaft, Staatliche Landfrauenschule Tauberbischofsheim. Fachhochschul-Studium der ev. Theologie, Henriettenstift in Hannover. Arbeit als Diakonin in Ostfriesland.
1965 Heirat mit Paul Schauber, Tauberbischofsheim, drei Kinder; Christoph und Tobias sterben durch Unfall und Tumor.
Intensive Mitarbeit an der Seite ihres Mannes, zuletzt Weingut Fürst Löwenstein, Kreuzwertheim.
1998 Tod von Paul Schauber. Tochter Almuth arbeitet als Politologin und Soziologin in Afrika.
Gründung des Vereins PAUL e.V.: Partnerschaft unterstützt Lebenslinien. Seitdem intensive Unterstützung von Straßenkinderprojekten vor allem in Ghana. Engagiert bei Kirche, Ökumene und Senioren.

Sammlung der Zeitzeugen

Gertrud Schauber

Kindheit unterm Kirschenbaum

Alltag im Alten Land an der Elbe

1940 bis 1958

Herausgegeben von Jürgen Kleindienst

Zeitgut Verlag

Die im Buch veröffentlichten Abbildungen und Dokumente stammen aus dem Privatbesitz der Verfasserin. Abbildungen auf den Seiten 6, 14, 18, 22, 29, 38, 41, 44, 48, 52, 75, 82 Sammlung Hinrich Behr, Jork. Umschlag-Foto vorn, von links nach rechts: Annemarie, Claus, Magda und Gertrud Schauber 1948 im Kirschenhof in Königreich.

Bibliografische Information der Deutschen Bibliothek
Die Deutsche Bibliothek verzeichnet diese Publikation in der Deutschen Nationalbibliografie; detaillierte bibliografische Daten sind im Internet über http://dnb.ddb.de abrufbar.

2. Auflage 2006
Sammlung der Zeitzeugen, Band 36
Verlag: Zeitgut Verlag GmbH, Berlin
Klausenpass 14, 12107 Berlin
Telefon 030 - 70 20 93 0, Telefax 030 - 70 20 93 22
E-Mail: info@zeitgut.com
www.zeitgut.com
Herausgeber: Jürgen Kleindienst
Lektorat: Brigitte Eckert, Dresden
ISBN 3-933336-85-6

Inhalt

Das Alte Land 7
Tante Helma 11
Kopfrechnen gut! 15
Die lebenskluge Mutter 19
Schlachtfest 23
Für zehn Pfennig »Hau mi blau bitte« 27
Titorenkow 30
Fliegeralarm und andere Schrecken 33
Die Engländer kommen! 35
Frau Merck und der Hühnermist 36
Das Klavier und Frau Krüger 39
Unser Opel Blitz 42
Kindheit unterm Kirschenbaum 45
Schlitten fahren und andere Vergnügen 49
Melken und frische Butter 53
Magda sprach nur Hochdeutsch 56
Hausierer und andere Gäste 59
Kein Weihnachten ohne Grünkohl 62
Einkaufen bei Tante Mine 66
Onkel Adam war katholisch 68
Geburtstage und andere Feste 70
Skatabend im Winter 73
Hochzeitsfeiern 76
Bei »Lindemann« ist Tanz! 80
Sturmfluten 83

Altländer Haus mit Buntmauerwerk

Das Alte Land

Was für ein Name – Das Alte Land! So alt ist es doch gar nicht. Das Urstromgebiet der Elbe war etwa zehn Kilometer breit. 100 Kilometer von der Nordseemündung entfernt, strömten die Gezeiten mit Ebbe und Flut täglich zweimal in das riesige, breite Flussbett. Viel Schlick hatte sich so im Laufe der Jahrhunderte abgelagert, die Voraussetzung für fruchtbares Marschland, aber gänzlich ungeschützt.

Schon 1500 v. Chr. sollen Menschen auf selbst aufgeworfenen Hügeln, Warften genannt, hier gelebt haben. Der Römer Plinius beschreibt um 100 n. Chr. das Leben dort so: »Zweimal in dem Zeitraum je eines Tages und einer Nacht dringt das Weltmeer in großartiger Bewegung mächtig heran und begräbt unter seinen Fluten einen ewigen Streitgegenstand der Natur: ob See, ob Land, keiner vermag es mit Gewissheit zu sagen. Dort haust ein bejammernswertes Volk auf hohen Erhebungen oder künstlichen, nach Maßgabe der höchsten Flut aufgeworfenen Hügeln. Mit ihren Händen sammeln sie Schlamm, den sie dann mehr im Wind als in der Sonne trocknen, kochen mit dieser Erde ihre Speisen und erwärmen ihre im Nordwind erstarrenden Leiber.«

Im 2. Jahrhundert ließen sich die ersten Sachsen nieder. Karl der Große fasste 788 das Gebiet zwischen Elbe und Weser zur Provinz Wigmodia zusammen und unterstellte es dem in Bremen errichteten Bischofssitz. Um 1140 begann der Erzbischof von Bremen Fachleute für Deichbau und Entwässerung ins Land zu holen, Siedler aus Holland, damals Hollandri genannt. Es gibt heute noch einen Ort Hollern, bei Stade.

Die Siedler schütteten Deiche auf, teilten die Flure dahinter in schmale Streifen, in der Regel vier Altländer Morgen (zwei Kilometer) lang und nur 16 Meter breit, was die Verantwortung für 16 Meter Deich bedeutete. Zwischen die schmalen Siedlungsstreifen zogen sie Gräben. So entstand ein bereits in Holland bewährtes Entwässerungssystem aus breiten Gräben und Sielen, durch die das Wasser durch den Deich hindurch abfließen kann.

Jedem Siedler war weitgehende Selbstständigkeit und Freiheit von Frondiensten garantierte, solange er das ihm zugewiesene Deichstück instand hielt.

Zweimal im Jahr ritten der Deichrichter und seine Geschworenen die gesamten Deichstrecken ab. Wer die Deichbeamten bei der Deichschau störte oder beleidigte, wurde bestraft. Wer sein Deichstück nicht perfekt instand hielt, musste – wie überall an der Küste – weichen (»Wer nicht will dieken – de mütt wieken«). Er wurde in einer rituellen Zeremonie, der Verspatung, enteignet.

Von Stade aus wurde das Land kultiviert, eingedeicht und trocken gelegt. Und weil immer wieder neue Abschnitte erschlossen wurden, entstanden »Altes Land« und »Neues Land«.

Bald wurde die ganze Marsch westlich der Elbe zwischen Stade und Hamburg das »Alte Land« genannt, obwohl es handgemachtes Neuland war.

Unterteilt ist es in drei sogenannte »Meilen«. Von Stade mit dem Fluss Schwinge reicht die erste Meile bis zum Fluss Lühe. Die zweite Meile reicht von der Lühe bis zur Este und die dritte Meile von der Este bis zur Süderelbe.

Etwa zehn Kilometer breit ist das Alte Land und umfasst 12.000 Hektar wertvollen Marschbodens. 113 Kilometer Deich schützen das Land, davon allein 32 Kilometer Elbdeich.

Die Errichtung der Deiche war eine gewaltige Leistung. Mit Handkarren musste die Erde herbeigeschafft werden. Für einen Meter Deich benötigten die Siedler etwa 100 Kubikmeter Erde. Oft riss eine Flut die Deiche wieder weg.

Wahrscheinlich erkannten die Benediktiner und Prämonstratenser Mönche der Klöster in Stade die günstige Lage für den Obstbau. Äpfel, Birnen, Kirschen, Pflaumen und Zwetschgen machten das Alte Land berühmt und reich. Der nahe Elbfluss und die vielen Gräben mildern das Klima der Eisheiligen, die Seeluft schafft ein besonderes Aroma.

Stattliche Bauernhäuser wurden gebaut, dreischiffige Zweiständerbauten, davor leuchtend weiße Prunkpforten. Mächtige Reetdächer bedeckten die Häuser mit ihren reich verzierten Fronten mit mancherlei Ziegelmustern, gekrönt vom doppelten Esteschwan in Grün oder dem Lüheschwan in Weiß.

In diesen Häusern lebten Mensch und Tier unter einem Dach. Der vordere Teil war der Wohnraum der Familie, der Mägde und der Knechte, im hinteren Teil waren rechts und links die Ställe für Kühe, Pferde und Schweine, in der Mitte eine große Diele. Darüber, auf dem gewaltigen Boden, lagerte das Heu für den Winter.

Prächtig waren die Trachten, die langen Röcke mit engen Miedern aus Seidendamast. Jungfrauen trugen Schwarz. Am Abend der Hochzeit legte die Braut zum ersten Mal die Festtracht an, mit rotem Rock, weißer Prachtschürze und Kopfbedeckung. Bei der Hochzeit selbst trug sie eine Brautkrone. Prächtiger Schmuck aus Filigran gehörte dazu: Lange Ketten aus Filigran-Perlen aus kunstvoll gedrehtem Silberdraht.

Die prachtvollsten Häuser hatten in der Vorderfront eine reich verzierte Brauttür. Diese Tür wurde nur am Tag der Hochzeit für die Braut geöffnet. In der dahinter liegenden Kammer bewahrten die Brauttruhen die Mitgift in Form gewebter und verzierter Tisch- und Bettwäsche. Erst zur Beerdigung wurde die Brauttür wieder geöffnet. Durch sie trat sie ein in das Haus und wurde wieder hinaus getragen.

Zahlreiche Kirchen in Backsteingotik oder bäuerlichem Barock, mit blauem Himmel als Tonnengewölbe und Sternen aus Goldblech, geben den Gemeinden einen Mittelpunkt. In acht von zehn Kirchen erfreut die Gemeinde noch heute eine Orgel des berühmten Orgelbaumeisters Arp Schnitger (1648–1719), der zuletzt in Neuenfelde lebte.

In meiner Kindheit war das Bild des Alten Landes mit seinen schönen Häusern noch recht einheitlich. Das hat sich inzwischen verändert. Auch mein Elternhaus ist leider verschwunden. Zwar war es nicht so prunkvoll und groß wie manche anderen Häuser – aber mit seinem großen Reetdach war es trotzdem schön und typisch. Im April 1968 ist es abgebrannt. Innerhalb einer halben Stunde war es ein Raub der Flammen. Ich bedauere es sehr.

Familie Peters in Jork, etwa 1895. Vorn links sitzt Maria Peters, die spätere zweite Frau meines Großvaters Claus Borgmann. Am Tisch Marias Eltern in Altländer Tracht. Alle anderen sind Geschwister von Maria.

Tante Helma

Tante Helma war meine Patentante. Sie wurde 1905 als achtes Kind ihrer Mutter Dorothea in Königreich, im Alten Land, geboren. Zwar besaßen Helmas Eltern, meine Großeltern, ein stattliches Reetdach-Bauernhaus – bei uns wurde es Strohdach genannt – aber es gehörten nur sechs Hektar Land dazu.

Helmas Mutter Dorothea war zweimal verheiratet und hat insgesamt acht Kinder zur Welt gebracht. Nach dem Tod ihres ersten Mannes, mit dem sie zwei Söhne und zwei Töchter hatte, heiratete Dorothea meinen Großvater, Claus Borgmann. Mit ihm hatte sie vier Kinder. Die ersten beiden starben schon in jungen Jahren. 1903 wurde mein Vater Jonni und zwei Jahre später meine Tante Helma geboren.

Dorothea muss damals schon sehr ausgezehrt gewesen sein. Ein relativ kleiner Bauernhof und so viele Kinder waren zu versorgen. Mein Großvater fuhr mit dem Kahn bis nach Berlin, um das Obst zu verkaufen.

Dorothea starb im Januar 1910 an Schwindsucht. Helma war noch keine fünf und Jonni noch keine sieben Jahre alt. Ein schwerer Schicksalsschlag für die ganze Familie. Sein Leben lang hat mein Vater unter dem frühen Verlust seiner Mutter gelitten. Immer standen Tränen in seinen Augen, wenn er davon sprach.

Auch Helma war damals schwer krank. Sie hatte als Kind die so genannte englische Krankheit, Rachitis. Helma war relativ klein, untersetzt und ihr Leben lang kränklich.

1912 heiratete mein Großvater ein zweites Mal. Maria Peters, Helmas Stiefmutter und meine spätere »Oma«, war eine ganz andere Erscheinung als Dorothea. Groß und stattlich gebaut hatte sie als Wirtschafterin und als eine Art Gesellschafterin auf einem Gut gearbeitet. Sie hatte keine Kinder. Ich erinnere mich am meisten daran, dass sie jeden Morgen ihr langes Haar mit zahlreichen Bürstenstrichen bearbeitete.

1931 heirateten meine Eltern Minna Katharina Marquardt und Jonni Borgmann. Im Bauernhaus war für das junge Paar kein Platz. So wohnten meine Eltern fünf Jahre lang in der

Tante Helma

Nachbarschaft, im Haus der Familie Hauschildt, zur Miete. 1936 war das so genannte Altenteilerhaus für die Großeltern und Helma fertig. Aber der Großvater Claus Borgmann starb kurz vor dem Einzug. Helma und ihre so ganz und gar andere Stiefmutter lebten nun allein in dem neuen Haus. Wohl hatte Helma mal einen Verehrer – aber er war wahrscheinlich nicht standesgemäß genug – und nun war ihr Schicksal als allein stehende Tante am Hof besiegelt.

Ich war ein eher stilles Kind und spielte oft mit meiner Puppe unter dem Tisch im Wohnzimmer der beiden Frauen. Schon mit zwei Jahren musste ich eine Brille tragen – in der Kriegszeit schwer zu beschaffen, vor allem nach der Bombardierung Hamburgs, als meine Mutter nicht mehr mit mir in die Universitätsklinik nach Eppendorf fahren konnte. Immer hieß es: »Pass auf! Die Brille!«

Meine beiden älteren Geschwister, Claus und Annemarie, waren da viel wilder und ungestümer. So waren alle zufrieden, dass ich viel im »neuen« Haus war, zumal meine Mutter im Krieg wenig Zeit hatte für ein kleines Kind. Haus, Hof und Garten mussten versorgt werden. Es war eine große Runde, die täglich bei Tisch zusammen saß. Mein Vater betrieb zusätzlich eine Baumschule für Obstbäume. Also gab es viele hungrige Leute am Tisch, die Familie, die Arbeiter, während des Krieges auch Kriegsgefangene und die Mädchen.

Den einzigen Luxus gönnte Helma sich zu Weihnachten: selbst gebackene Kekse, braune Kuchen mit Sirup und etwas Besonderes: ein Gläschen »Samos«! Dieser süße Wein ist mir noch in besonderer Erinnerung, weil er so außergewöhnlich war.

1951 starb die Oma, und Tante Hanne, eine verwitwete Schwester von Helmas Mutter, zog zu Helma ins Haus. Das muss sehr schwer für sie gewesen sein, denn Tante Hanne war von ihrem Mann sehr verwöhnt worden. So war sie sehr anspruchsvoll und hat Tante Helma während der letzten Jahre ihres Lebens bestimmt sehr herumkommandiert. Da wir im Bauernhaus auf der anderen Straßenseite wohnten, bekamen wir das nicht mit. Meine Mutter bedauerte später, dass sie vor lauter eigener Arbeit und Sorge kaum Zeit für die einsame Helma gehabt hatte.

Was für ein Schicksal – so gut wie allein, praktisch ohne eigenes Geld und ohne viel Ansehen.

Tante Helma starb 1958.

Mühle Borstel

Kopfrechnen gut!

Manche Winterabende hatten etwas Besonderes. Wir saßen miteinander in der warmen Stube, im vorgesehenen Fach des Kachelofens dufteten ein paar Bratäpfel verheißungsvoll, wir lasen oder spielten, machten vielleicht auch eine Handarbeit oder stopften und flickten Wäsche.

An solchen Abenden führte uns unser Vater oft Kartentricks vor oder stellte uns trickreiche Rechenaufgaben. Nie wieder habe ich jemanden erlebt, der solche Kartenkunststükke beherrschte wie er. Stundenlang zeigte er immer wieder neue Tricks, wir kamen aus dem Staunen nicht heraus. Wo er die Tricks gelernt hatte und wie sie funktionierten, verriet er nicht. Später hätte er diese Geheimnisse so gerne an uns Kinder oder an seine Enkel weitergegeben, aber niemand war dafür so begabt wie er. Schade!

Dafür hat er uns allen sein Rechentalent vererbt. Wenn er die einzelnen Posten der Buchführung, die natürlich auch für die Baumschule vorgeschrieben war, in den großen Journalen errechnete, zeigte sich seine Begabung im Kopfrechnen. Ruckzuck addierte er die langen Zahlenkolonnen im Kopf und das fast immer fehlerlos!

Meine Schwester Annemarie war darin ebenfalls eine Meisterin. Sie hat auch das Skatspieltalent und die Freude daran von meinem Vater geerbt.

Mein Vater, geboren 1903, besuchte die kleine Dorfschule in Königreich und fiel auch dort durch seine Rechenkünste auf. Aber als er die Schule beendete, begann für ihn wie für die anderen Bauernjungen die harte Arbeit in der Landwirtschaft. Noch tobte zu dieser Zeit der Erste Weltkrieg.

Vater war ein tatkräftiger Mann, ideenreich, mutig und fleißig. Obwohl er sehr belesen war, für einen Bauernsohn der damaligen Zeit sehr ungewöhnlich, war für ihn ein gesichertes Einkommen nur im Obstbau kaum möglich. Der ererbte Hof war nur sechs Hektar groß und im Alten Land gab es damals keinen Quadratmeter Boden zu kaufen oder zu pachten; Land war knapp und kostbar.

Unser Vater Jonni Borgmann, 1. Reihe sitzend, 3. von links, mit seinem Turnverein

Vater spezialisierte sich auf die Züchtung von Obstbäumen und baute auf zusätzlich gepachtetem Land eine Markenbaumschule auf, etliche Kilometer entfernt von unserem Dorf, außerhalb des Alten Landes.

Das Alte Land heißt in Hamburg auch »Kirschenland«. Jeder freie Quadratmeter war mit Obstbäumen bepflanzt. Durch die breiten Entwässerungsgräben waren die einzelnen Plantagen nur sechzehn bis zwanzig Meter breit – dafür jedoch sehr lang. In der Mitte befand sich der Fahrweg, rechts und links eine Reihe Hochstammbäume, Kirschen, Zwetschgen, Pflaumen, auch Mirabellen, Birnen und vor allem natürlich viele Apfelbäume. Verschiedenste Sorten gab es, vom frühen Klarapfel, Gravensteiner, Cox Orange, Renetten, Finkenwerder Herbstprinz, Oldenburger und Horneburger Pfannkuchen, Boskop bis hin zum Glockenapfel. Genauso gab es die unterschiedlichsten Kirsch-, Pflaumen und Birnensorten. Davon lebten die Bauern im Alten Land.

Im Mai, zur Obstblüte, schien es, als ob ganz Hamburg auf den Beinen war. Die Menschen strömten mit Barkassen über die Elbe, wanderten auf dem Deich entlang, bewunderten die Blütenpracht und die schönen Obsthöfe und probierten in einem der Gasthäuser am Weg einen guten Butterkuchen, Altländer Schinken oder auch Mettwurst.

Nun zurück zu meinem Vater Jonni Borgmann, dem Rechenkünstler.

Im Alter, nachdem er den Hof an seinen Sohn Claus abgegeben hatte, erfüllte er sich einen lang gehegten Traum und eröffnete einen kleinen Verkaufsstand. Das war nicht so leicht, denn schließlich war so ein ambulanter Handel, der heutzutage nichts Ungewöhnliches ist, damals noch neu; allein den Verkaufsstand zu organisieren kostete den Vater viel Zeit und Nerven. Aber er schaffte es. Mit sichtlicher Freude erklärte er den Kunden die verschiedenen Obstsorten, wichtige Tricks für den Obstbau und die Obstbaumveredlung. Immer ließ er die Kunden zuerst die verschieden Sorten probieren. Auch beim Verkaufen rechnete er alles im Kopf zusammen! Rechenmaschinen hatten wir noch nicht.

Später fuhren meine Eltern mit ihrem Handel sogar über Land. Vater plante verschiedene Touren und baute sich nach und nach eine feste Kundschaft auf. Unsere Mutter begleitete ihn auf diesen Fahrten und half ihm, die Kunden zu beliefern. Vor so einer Fahrt gab es zu Hause viel zu tun: Obst vorsortieren, in Tüten abwiegen, verpacken und genau über alles Buch führen. Aber sie freuten sich jedes Mal über die Begegnungen mit den vielen Menschen, es entstanden kleine Freundschaften und sie besserten natürlich auch ihre kleine landwirtschaftliche Rente auf.

Gut dreißig Jahre war Vater Kirchenvorsteher in Estebrügge. Er war ein weitsichtiger, verständnisvoller Berater der Pastoren, die seine Zuverlässigkeit und Vertrauen schätzten.

Vater war eine Art Patron. Selbst sehr streng erzogen, galt ihm Disziplin in dieser Zeit sehr viel und er übte Strenge gegen sich selbst und gegen andere. Zärtlichkeiten, noch dazu vor anderen Leuten, waren undenkbar für ihn. Erst später, bei den Enkeln, offenbarte er seine Gefühle.

Als unsere Mutter 1982 starb, wurde es sehr einsam um meinen Vater. Fast drei Jahre noch lebte er allein im Haus, von der Nachbarin liebevoll versorgt. Aber der wache Verstand blieb bis zuletzt.

Vater war sein Leben lang Mitglied bei der Feuerwehr und mit Liebe und Engagement 30 Jahre als geschätzter Partner der Pastoren im Kirchenvorstand. Obwohl er nicht viel reisen konnte, wusste er in aller Welt Bescheid.

Reetdiemen vor einem Altländer Hof. Rückansicht eines Bauernhauses. In die Diele konnte man mit Pferd und Wagen fahren, um das Heu oben im Haus auf dem Speicher zu lagern. Links eine Stalltür.

Die lebenskluge Mutter

Die Mutter ist für jedes Kind ein besonderer, mit niemandem zu vergleichender Mensch. Niemanden kennt ein Kind so genau wie die eigene Mutter, an keinen erinnert es sich mit so viel Wehmut, Freude und Dankbarkeit.

Immer wieder bin ich erstaunt, wie ähnlich, aber auch wie unterschiedlich wir Geschwister uns an gleiche Erlebnisse oder Eigenschaften erinnern. Allen war unsere Mutter ein großes Vorbild an Liebe und Toleranz. Nie sah ich auf dem Friedhof so viele Menschen um eine »einfache« Frau weinen wie bei ihrer Beerdigung.

1907 wurde Minna Katharina Marquardt als erstes Kind ihrer Eltern in Dammhausen geboren. Vier Geschwister folgten.

Dammhausen war ein armes Dorf im Moor, zwischen Marsch und Geest gelegen. Die Bauern kämpften damals auf ihren Hofstellen mit nassen Böden, Spätfrost und anderen Widrigkeiten des Landlebens.

Meine Mutter war ein aufgewecktes Mädchen. Nach Ansicht ihrer Schwiegermutter war sie jedoch keine gute Partie für ihren Sohn. Als Tochter eines Moorbauern bekam sie keine große Mitgift, aber Jonni ließ sich nicht so sehr von seiner Stiefmutter beeinflussen wie seine Schwester Helma, die daraufhin zeit ihres Lebens ledig blieb, und heiratete seine Minna trotzdem.

Mein Bruder Claus wurde im September 1932 geboren – eine schwierige Geburt. Meine Mutter bekam eine Schwangerschaftsgestose, eine »Vergiftung« der Niere. Unser Hausarzt Dr. Behrens erkannte die Gefahr sofort und veranlasste die Einweisung ins Krankenhaus Buxtehude. Erst Monate später konnte Mutter wieder nach Hause zurückkehren. Claus aber gedieh prächtig. Zwei Jahre später kam Annemarie ohne Komplikationen zur Welt. Nun war das Glück komplett.

Aber – ich wollte ja auch noch kommen, vier Jahre später, im Dezember 1938, und mitten im Krieg, im Sommer 1944, wurde Magda geboren.

5. Mai 1931, Hochzeit unserer Eltern

Zärtlichkeiten für uns Kinder erlaubten sich meine Eltern selten. Kinder dürften nicht verwöhnt werden, wie sie meinten. Schließlich hatten sie es in ihrer Kindheit selbst auch nicht erfahren. Die Kinder waren damals streng zu erziehen. Natürlich spürten wir dennoch ihre Liebe und Güte, aber nie wurde eins von uns Kindern vom Vater oder von der Mutter bevorzugt.

Wenn alle arbeiten mussten, gab es für uns Kinder keine Ausnahme. Die Achtung vor den Mitarbeitern wurde uns von den Eltern vorgelebt und war für uns selbstverständlich.

1953. Erster Ausflug mit dem Bus in den Schwarzwald. Ich stehe links in der Tür, Mama vorn in der Mitte, die Hände übereinander

Gesunde Ernährung war meiner Mutter wichtig. Jeden Morgen gab es Haferflocken mit Milch. Für den Vater kochte sie die Flocken, bis sein von der Gefangenschaft ruinierter Magen wieder gesund war. Wir Kinder aßen Haferflocken lieber kalt angerührt. Abends gab es Milchsuppe – für gesunde Knochen. Und Eier – die aß sie für ihr Leben gern und ließ sich auch von den Cholesterin-Gefahren nicht abschrecken.

Kartoffeln gehörten bei uns täglich auf den Tisch. Nie wäre es Mutter in den Sinn gekommen, das Kartoffelwasser nach dem Kochen einfach weg zu gießen, war es doch mit all seinen Mineralstoffen dafür viel zu wertvoll. Es schmeckt wirklich wie eine Gemüsebrühe! Außerdem ist Kartoffelwasser für den Magen sehr gesund. Wenn sie dieses Kartoffelwasser nicht für anderes Gemüse oder Suppen verwendete, goss sie damit die Blumen, die daraufhin prächtig gediehen.

Bei Krankheiten kochte sie Holundersaft oder heiße Milch mit Honig; Fieber bekämpfte sie mit großen Wickeln, an die ich mit Schrecken zurückdenke. Dazu breitete sie im Bett der Eltern ein großes Betttuch aus, legte darauf eine Wolldekke, ein Betttuch und anschließend ein großes nasses Handtuch, das kalt ausgewrungen war. Dann wickelte sie uns zunächst in das kalte Handtuch und schließlich in die anderen Tücher, so dass wir ordentlich schwitzten! Später hat sie uns abgewaschen, abgerubbelt und frisch angezogen. Nun schliefen wir der Genesung entgegen. Half das noch nicht, wiederholte sie die Prozedur. Viele Medikamente gab es damals nicht.

Unsere Mutter starb 1982 an Leukämie. Ein langes Leiden blieb ihr glücklicherweise erspart.

Typisches Altländer Tor

Schlachtfest

Zu den besonderen Ereignissen vor Weihnachten zählte damals auf jedem Bauernhof das Schlachtfest. Das war weniger ein Fest im heutigen Sinne, sondern vielmehr Tage voller Arbeit, aber auch der Vorfreude darauf, dass wir zum Weihnachtsfest frisch geschlachteten Braten, Würste und Schinken essen konnten. Draußen musste es aber schon richtig kalt sein. Kühltruhen gab es noch nicht.

Wir bestellten rechtzeitig den Hausschlachter und kauften vorher reichlich Gewürze, Wurstband und Därme ein.

Meine Eltern schlachteten immer gleich zwei Schweine. Zusätzlich erwarben sie beim Schlachter noch ein halbes Rind, damit die Wurst nicht zu fett würde.

Aber nur die fettesten Schweine kamen unters Messer. Schließlich brauchten wir das Schmalz zum Braten. Es gab zwar damals schon Margarine, aber die schmeckte eher nach Fischöl – und gekauft haben die Bauern nur das, was sie selbst nicht herstellen konnten.

Als unser Strohdach-Bauernhaus einst gebaut wurde, war der Deich gleich hinter unserem Haus der einzige Verkehrsweg. Später wurde eine neue Straße gebaut. Sie führte mitten durch unser Grundstück und teilte nun unseren Bauernhof in zwei Teile.

Auf der einen Straßenseite lag das Bauernhaus, auf der anderen Seite lagen die Obstscheune, in der wir die Äpfel einlagerten, das Altenteilerhaus, Waschküche, Schweinestall, Garage und Schuppen wie auch der gesamte Obsthof. Auch die Toilette, damals noch ein Plumpsklo, war auf der anderen Straßenseite. Gleich nach dem Krieg wurde dann endlich im Wohnhaus ein Badezimmer eingebaut.

Der Schlachter kam also am vereinbarten Tag und begann mit seiner Arbeit.

Ich verkroch mich in die schützenden Arme von Oma oder Tante Helma und wurde, Gott sei Dank, nie zum Blutrühren eingeteilt. Das war bevorzugt die Arbeit der größeren Kinder. Sie mussten das Blut auffangen, das, wie der Name schon sagt, die Grundlage bildete für Rotwurst, Blutwurst oder Roten Schwartenmagen, aber auch für Schwarzsauer, ein beliebtes Essen der Helfer am Schlachttag.

Die Erwachsenen hatten ihren Spaß daran, wenn sie uns Kinder zu Tante Mine in den Tante-Emma-Laden schickten, um die so genannte Brägenwanne zu holen, eine angeblich sehr große Wanne. Es sei eine Ehre für ein Kind, sie holen zu dürfen. Hatten wir das als Kind einmal hinter uns, wussten wir Bescheid und die Erwachsenen suchten im darauf folgenden Jahr ein neues Opfer.

Aber zurück zum Schlachten.

Zunächst brühten die Erwachsenen das geschlachtete Tier in einer großen Holzwanne, entfernten mit einem Schaber mühsam die Borsten, schnitten ihm den Bauch auf und nahmen sorgfältig alle Eingeweide heraus. Dann trugen es die Männer in die große Diele im Bauernhaus und hängten es an einer Vorrichtung auf. Dort baumelte es nun zum Auskühlen und Abhängen.

Ein aufgestellter Maschendraht diente als Schutz vor den Katzen. Abends kam der Schlachter erneut und zerteilte das Fleisch fachgerecht. Die einzelnen Stücke wanderten sofort in die entsprechenden Zinkwannen.

Das alles fand ich als Kind immer sehr spannend und interessant: die geschlachteten Tiere an der Decke baumeln zu sehen, die einzelnen Organe, Muskeln und Knochen zu betrachten, dazwischen die scharf gewetzten Messer des Schlachters zu erleben, mit denen er das Fleisch zerteilte – alles sehr fachmännisch und imponierend. Aber als Kind hielt man sich dennoch besser in gebührendem Abstand von allem.

Später kam der Trichinenbeschauer, prüfte alles sorgfältig und nahm einzelne Proben mit, nachdem er sich zuvor mit einem Grog und einer Zigarre gestärkt hatte.

Nun wartete eine Menge Arbeit auf die Frauen. Die Schinken und die zum Räuchern vorgesehenen Stücke mussten gesalzen, mit Wacholder, Pfeffer, Lorbeer und anderen, für jeden Bauernhof als Familiengeheimnis gehüteten Zutaten gewürzt werden und ruhten anschließend in ihrer Pökellake.

Am nächsten Morgen dampfte es in der Küche gewaltig, ebenso in der Waschküche. Jede Menge kochendes Wasser wurde benötigt und jede freie Hand war notwendig, um Flomen abzuziehen, Speck für das Griebenschmalz auszulassen, jede Menge Zwiebeln und Äpfel für das Apfel-Grieben-Schmalz zu schälen und natürlich sehr viel Fleisch für die einzelnen Wurstsorten zu schneiden.

Zwar brachte der Schlachter, der das Kommando führte, eine große Wurstmaschine mit, aber damit drehte er vor allem die Zutaten für die bei uns so genannte gute Mettwurst durch – in Süddeutschland ist das die gute Hartwurst oder Salami.

In einer großen Holzmulde würzten die Frauen nun die Wurstmasse und »verwurschtelten« mit ihren Händen alles miteinander. Das war Schwerstarbeit. Immer wieder schmeckten sie die Masse ab und prüften, was noch an Gewürzen fehlte. Das mochte ich nie. Den meisten schmeckte es aber.

Dann setzte der Schlachter einen Aufsatz auf die Maschine und füllte die fertigen Wurstmassen in Därme ab, die weichen Sorten, Rotwurst, Weißwurst oder Leberwurst, in die zubereiteten Naturdärme, die Mettwurst in Kunstdärme.

Anschließend trugen die Männer die weichen Würste in großen Wannen in die Waschküche, wo schon die beiden Kessel um die Wette dampften. Nun galt es für die Frauen, die Würste im Waschkessel sorgfältig, langsam aber stetig, zu brühen – und möglichst keine platzen zu lassen. Da ausschließlich Holz zum Heizen diente, verlangte diese Arbeit viel Fingerspitzengefühl!

Abends, wenn das Wurstkochen beendet war, füllte meine Mutter die so genannte Wurstsuppe in kleine Milchkannen und verteilte sie an die Nachbarn. Meistens gab es ein Pärchen Wurst von jeder Sorte dazu. Besonders für die vielen Flüchtlingsfamilien war das eine willkommene Aufbesserung des mageren Küchenzettels!

Auch bei uns im Haus wohnten damals mehrere Flüchtlingsfamilien, Fiedler und Zembcke aus Stettin und Familie Funk aus Schlesien, dazu noch unsere beiden jungen Mädchen, Grete und Gerda, und zwei junge Männer, die vor allem im Obsthof und in der Baumschule arbeiteten.

So musste die Wurst natürlich auch »gestreckt« werden, als Grützwurst oder Ähnliches ,und es wundert nicht, dass die Schweine möglichst groß und fett sein sollten!

Besonders gern erinnere ich mich an das später folgende Räuchern. Ein herrlicher, viel versprechender Duft überall!

Die meiste Wurst aber füllte meine Mutter in damals noch relativ neuartige Weißblechdosen und in Einweckgläser. Dann wartete die nächste Arbeit auf die Frauen. Alles musste sorgfältig eingekocht werden.

So waren die Schlachttage immer ein großes Ereignis im Jahresablauf einer Bauernwirtschaft, aber auch Tage voll anstrengender Arbeit – wenn wir als Kinder auch noch nicht so sehr verstanden, wie viel damals davon abhing.

Zum Abschluss aber gab es jedes Mal Kaffee und Kuchen. Darauf freuten wir uns schon die ganze Zeit!

Für zehn Pfennig »Hau mi blau, bitte«

In regelmäßigen Abständen war bei uns großer Waschtag angesagt! Bereits am Vortag weichten die Frauen die schmutzigen Arbeitssachen ein, damit sich der grobe Schmutz löste und am nächsten Tag nicht gleich die ganze Waschlauge verschmutzte.

Am frühen Morgen des Waschtages heizten sie die beiden Kessel im Waschhaus und füllten sie gut drei viertel voll mit Wasser, dazu gaben sie reichlich Waschpulver. »Henkel« war auch damals schon für die Hausfrauen eine gute Marke.

Sorgfältig vorsortiert kochten sie zuerst die weiße Wäsche im Kessel, bis alles dampfte und sprudelte. Immer wieder rührten sie die Wäschestücke mit großen Holzstäben um, damit sich der Schmutz lösen konnte und die Wäsche am Boden nicht anbrannte.

Dann kam die wohl schwierigste Prozedur für die Frauen in der Waschküche: Sie mussten die schweren, kochend heißen Wäschestücke mit den Holzstäben und einer Zange aus dem Kessel heben und in die Waschmaschine füllen!

Unsere damalige »Waschmaschine« war eher ein großer offener Holzbottich, in dem sich innen ein von einem Motor betriebener riesiger Knethaken, wie wir es heute bezeichnen würden, so lange hin und her bewegte, bis alles sauber war.

Immer noch kochend heiß wurde die Wäsche anschließend durch eine Art Mangel gepresst, damit möglichst viel Waschlauge zurück in den Bottich floss. Danach wartete die nächste schwere Arbeit auf die Frauen: Die gewaschene Wäsche musste in einer großen Badewanne mit kaltem Wasser, auch im Winter, gründlich und mehrmals gespült werden.

Nun ging es daran, die guten weißen Tischdecken zu bleichen. Auch hier verulkten die Erwachsenen uns Kinder gern mit einer neuen Erfindung, indem sie uns zur Tante Mine in den Tante-Emma-Laden mit dem Auftrag schickten: »Ich soll für zehn Pfennig ›Hau mi blau‹ kaufen.«

Sie freuten sich an unseren verdutzten und verschämten Gesichtern, wenn wir merkten, dass sie wieder einmal ihren Spaß mit uns getrieben hatten.

In unserer Waschküche stand »verschämt« in der Ecke immer ein Eimer mit eingeweichten Damenbinden. Hygieneartikel, wie es sie heute gibt, waren damals noch unbekannt.

War die Weißwäsche fertig, nahmen sich die Frauen nach und nach alle dunklen Sachen vor.

Abschließend zogen sie im Hof riesige Wäscheleinen, an denen sie die Wäsche mit einfachen Holzklammern befestigten und dabei natürlich hofften, dass die Sonne schien und der Wind ein wenig blies! Schließlich brauchten die schweren Hemden und Hosen schon eine Weile, bis sie trocken waren.

Das anschließende Bügeln hatte sehr ordentlich zu geschehen. Unsere Mutter diente als junges Mädchen in Hamburg in vornehmen Haushalten, wo auf exakt gestärkte und gebügelte Hemdkragen großer Wert gelegt wurde!

War die Wäsche getrocknet, zogen wir zu zweit die Bettwäsche und die vorher sorgfältig gestärkten weißen Tischdekken wieder in Form, streckten und befeuchteten sie. Dampfbügeleisen kannten wir noch nicht. Die »guten« Stücke kamen auch schon mal in die Heißmangel. Für normale Sachen genügte die einfache Mangel, durch die wir auch die Bettlaken und die vorher exakt zusammengelegte Wäsche mehrfach drehten.

Die Waschmaschine unserer Tage, die heutigen Waschmittel und modernen Gewebe erscheinen mir immer noch als eine der größten Arbeitserleichterungen im Haushalt. Dafür sei allen Erfindern von Herzen gedankt!

Wenn am Waschtag alles gut gelaufen war, duftete eine Kanne Malzkaffee, manchmal sogar mit ein paar »echten Bohnen«, und es gab ein Stück Streuselkuchen.

Frauen in schwarzer Festtracht

Titorenkow

An den Krieg kann ich mich kaum erinnern. Bei Ausbruch des Krieges war ich noch kein Jahr alt. Kurz vor Weihnachten 1938 kam ich an einem bitterkalten Wintertag zur Welt. Meine Eltern erzählten mir später, dass in diesem Winter viele Obstbäume erfroren.

In unserer Stube stand ein gerade neu gesetzter Kachelofen. Draußen sank das Thermometer unter minus zwanzig Grad und nebenan im Schlafzimmer stand kein Ofen! Also heizten die Frauen für die Wöchnerin kräftig ein! Die Risse in den neuen Kacheln erinnerten für immer an meine Geburt.

Mein Vater war bei Ausbruch des Krieges in unserem Dorf als Feuerwehrkommandant eingesetzt. Jahrgang 1903, war er mittlerweile fast vierzig Jahre alt und wurde nicht mehr zum Militärdienst eingezogen. Später, gegen Ende des Krieges, erhielt aber auch er den Gestellungsbefehl zum »Volkssturm«.

Mittlerweile war die Zahl der Landarbeiter in unserem Dorf durch die Einberufung der meisten Männer zum Militärdienst stark dezimiert. Zurück blieben nur wenige, meist alte Männer, Frauen und Mütter – und natürlich wir Kinder.

Kriegsgefangene und Fremdarbeiter ersetzten jetzt die fehlenden Arbeitskräfte. In unser Dorf kamen Polen, Holländer, Belgier und auch Russen.

Eines Tages stand Titorenkow auf unserem Hof. Ich starrte ihn an. Ein großer, stattlicher Mann, vielleicht Anfang zwanzig. Als Kind allerdings erschien er mir viel älter. Ich besitze heute noch ein kleines Foto von ihm, auf dem er mit Uniform und Schiffchenmütze zu sehen ist! Er sitzt auf einem Stuhl und ich darf auf seinem Schoß sitzen!

Titorenkow war damals meine große Liebe. Er nahm mich als Kind ernst, spielte mit mir, sang mir seine schwermütigen russischen Lieder vor – und er konnte schnitzen! Einmal schnitzte er einen wunderbaren Vogel für mich, jede Feder war einzeln kunstvoll gearbeitet. Diesen Vogel hütete ich wie einen Schatz. Leider ist er mir später abhanden gekommen.

Der russische Kriegsgefangene Titorenkow und ich, 1943/44. In der Hand halte ich meinen kleinen roten Ball

Als mein Vater zum Volkssturm abmarschieren musste, übernahm Titorenkow die Aufsicht und Einteilung der Arbeit in der Baumschule. In ein kleines Heft notierte er täglich wie in ein Tagebuch, welche Arbeiten verrichtet worden waren, welche Vorkommnisse es gab.

Unvergesslich sind mir die Kutschfahrten mit ihm. Unser Obsthof in der Marsch bestand aus mehreren Abschnitten und zog sich damals mehr als 1.500 Meter lang bis hin zur Wettern, dem Entwässerungskanal. Als Begrenzung dienten jeweils tiefe Gräben, über die in Abständen kleine Dämme führten.

Im Sommer überquerte das Vieh manchmal diese Dämme und weidete im Obsthof unter den Bäumen. Also versperrten ihnen aufgestellte Holztore fortan den Weg.

Jedes Mal, wenn wir mit dem Kutschwagen von einem Stück zum anderen überwechselten, stieg Titorenkow vom Kutschbock, um das Gatter zu öffnen – und ich durfte die Pferde, zwei ruhige gutmütige Arbeitspferde, über den Damm leiten. Was für ein stolzes Gefühl!

Von der Familie traute mir als Küken niemand so etwas zu, dafür gab es immer die tüchtigen älteren Geschwister – aber Titorenkow gab mir die Zügel in die Hand! Ich durfte mit Titorenkow auf dem Kutschbock sitzen und die Pferde in den Hof lenken! Das habe ich bis heute nicht vergessen. Und noch ein Geschenk bekam ich von ihm: Irgendwo fand er einmal einen kleinen, roten Weichgummiball und schenkte ihn mir. Neben meiner Puppe Peter war das damals mein wertvollster Besitz.

Selbstverständlich saßen die Kriegsgefangenen bei uns mit am Tisch. Meine Mutter duldete in dieser Hinsicht keinen Unterschied, auch wenn es anders vorgeschrieben war. Für sie waren die Kriegsgefangenen Mitmenschen wie andere auch und nicht Menschen zweiter Klasse.

Nach Kriegsende musste Titorenkow. zurück in seine Heimat.

Als mein Vater aus der Gefangenschaft nach Hause kam, fragte er zu allererst nach Titorenkow. Er wusste damals bereits, dass Stalin jeden erschießen oder nach Sibirien verbannen ließ, der als Kriegsgefangener in Deutschland gewesen war. Kriegsgefangene wurden als Vaterlandsverräter behandelt, denn laut Stalins Befehl durfte ein russischer Soldat nicht lebend in die Hände der Feinde fallen.

Vielleicht hätten wir ihn verstecken und retten können.

Fliegeralarm und andere Schrecken

Vom Beginn des Zweiten Weltkrieges im Sommer 1939 bekamen wir als Kinder anfangs wenig zu spüren.

In unserem Dorf hinter dem Deich herrschte zu Beginn des Krieges noch eine typische ländliche Idylle. Zwar waren die Männer eingezogen und die Frauen voller Sorge um ihre Ehemänner, Söhne oder Brüder – auch die drei Brüder meiner Mutter waren an der Front –, aber vom Krieg selbst verspürten wir in Königreich zunächst nichts, und ausreichend zu essen gab es auch.

Doch das änderte sich bald. Schon im ersten Halbjahr 1940 gelang es britischen Flugzeugen, immer wieder in den deutschen Luftraum einzudringen und überall im Land Fliegeralarm auszulösen. Immer deutlicher zog der Krieg auch in unsere gewohnte Dorfruhe ein. Er verdunkelte buchstäblich alles. An jedem Fenster brachten wir dunkle Rollos an, befestigten sie an der Seite mit Klammern und sorgen so dafür, dass kein einziger Lichtschein nach außen drang. Draußen war es abends stockfinster, nicht eine einzige Straßenlaterne sorgte für Licht. Die fremden Flieger kamen meist nachts. Kein Lichtschein durfte ihre Aufmerksamkeit auf uns lenken. Im Juli 1943 wurde die Innenstadt von Hamburg durch schwere Bombenangriffe fast völlig zerstört. Vom Deich aus sahen wir den hell erleuchteten Himmel der brennenden Stadt. Drei Tage und Nächte war unser Vater mit seiner Feuerwehr pausenlos in Hamburg im Einsatz. Viele Hamburger verloren ihr Dach über dem Kopf, viele ließen ihr Leben. Auch viele Feuerwehrleute kamen in den Flammen um. Unser Vater kehrte zum Glück wieder gesund zurück.

Immer häufiger gab es nun auch für unser Dorf nächtlichen Fliegeralarm. Wer die Sirenen eines »echten« Fliegeralarms ununterbrochen auf und ab heulend einmal selbst erlebt hat, der weiß, von welchen Schrecken ich spreche. Diese Töne gingen uns durch Mark und Bein.

Bei Alarm mussten wir uns schnell in Sicherheit bringen. Im Bauernhaus meiner Eltern gab es keinen geeigneten Luftschutzkeller. Der einzige Keller unter den Wohnräumen hatte keinen Fluchtweg ins Freie und wäre eine tödliche Falle gewesen.

Der Keller im Altenteilerhaus aber war geeignet. Also schnappten wir schnell das stets bereitstehende Notgepäck, legten meine kleine Schwester Magda in den Kinderwagen oder nahmen sie einfach auf den Arm, suchten rasch noch etwas zu essen und rannten über die Straße zum anderen Haus. Das war unheimlich und ist mir noch heute in grauenhafter Erinnerung!

Dann saßen wir eng zusammengerückt auf notdürftigen Stühlen und Kisten im Dunkeln und harrten der Dinge, die da kommen würden! Fliegeralarm dauerte meist mehrere Stunden. Waren die Angriffe wieder einmal sehr heftig, begann irgendwann jemand im Dunkeln zu beten. Nach und nach stimmten alle in das Vaterunser ein.

Manchmal schliefen wir im Keller in unmöglichen Lagen und quälten uns, wenn die Sirenen durch ihren lang anhaltenden Dauerton endlich Entwarnung gaben, wieder nach draußen. Wir hatten Glück, bei uns war nichts zerstört. Schlug dennoch irgendwo eine Bombe ein, besichtigten alle die entsprechende Stelle und prüften sorgfältig, ob eventuelle Blindgänger noch explodieren würden.

Wir haben die von den Bombardements heimgesuchten Städter von Herzen bedauert und auch die Menschen, die ihr Hab und Gut verloren oder zurückgelassen hatten und nun auf der Flucht waren. Für alle, auch für die fernen Soldaten an der Front, beteten wir.

Da sich meist nur Frauen und Kinder im Haus befanden, griff zunehmend Angst um sich, Angst vor umherziehenden, verwahrlosten Gestalten, Angst vor Überfällen. Wie hätten wir uns denn wehren sollen?

Mit Kriegsende waren endlich auch diese Schrecken vorbei!

Die Engländer kommen!

Im Mai 1945 war der Krieg zu Ende.

Eines Tages spielte ich bei meiner Oma und Tante Helma im neuen Haus, als draußen auf der Straße Panzer und Militärfahrzeuge vorbeifuhren. Sie dröhnten mitten durch unseren Bauernhof und ihre Lautsprecher verkündeten: »Niemand verlässt das Haus! Es wird sofort geschossen!«

Wir waren alle ziemlich erschrocken! Und ich erst! Dieser Schrecken der militärischen Gewalt ist mir heute noch präsent. Noch viel schlimmer aber war, dass unsere Mutter zu dieser Zeit gar nicht zu Hause war!

Obwohl die englische Besatzungsmacht rund um die Uhr Ausgangssperre verhängte, war meine Mutter mit dem Fahrrad in ihr Heimatdorf Dammhausen unterwegs. Die Sorge um ihre recht gebrechlichen Eltern und die vielen Gerüchte der letzten Kriegstage, die besagten, dass sich einige Kriegsgefangene vor ihrer Rückkehr in die Heimat an ihren Arbeitgebern gerächt hätten, ließen sie das Verbot einfach umgehen. Schließlich waren ihre Eltern ganz allein. Ein Sohn war im Krieg gefallen, der zweite vermisst und der dritte in Gefangenschaft. Telefon hatten die Großeltern noch nicht.

In dieser Situation war unsere Mutter trotz Ausnahmezustand mit ihrem Fahrrad unterwegs. Wer sie kannte, den wunderte diese Naivität überhaupt nicht. Sie war eine einfache, ehrliche Frau und davon überzeugt, dass ihr nichts passieren würde, weil sie ja auch niemandem etwas Böses wollte!

Natürlich wurde sie von den britischen Besatzern angehalten und festgenommen. Doch sie hatte Glück. Ihre einfache, mütterliche Art überzeugte die Engländer davon, dass sie harmlos war und lediglich in Sorge um ihre Eltern auf dem Weg in ihr Heimatdorf war.

Den ganzen Tag quälte uns die Ungewissheit, was wohl aus unserer Mutter geworden war.

Am Abend kehrte sie heim, gesund und mit guten Nachrichten.

Frau Merck und der Hühnermist

Kurz nach Kriegsende begann sich das Leben wieder zu normalisieren. Ich war ja erst sechs Jahre alt und verstand noch nicht so viel von der Welt. Mein Vater überlebte den Krieg und geriet in Gefangenschaft. Später kehrte er gesund zurück. Aber erst einmal war meine Mutter allein und das Haus voller Flüchtlinge.

Viele fremde Leute kamen damals auf unseren Hof. Sie »hamsterten« – tauschten Wäsche, Schmuck und andere wertvolle Gegenstände gegen Lebensmittel ein –, fragten nach Arbeit oder suchten nach Verwandten, Freunden und Angehörigen, von denen sie wussten, dass diese den Krieg überlebt hatten.

Auch die Schulen öffneten wieder ihre Pforten für einen geregelten Unterricht. Bei uns in Königreich gab es damals nur eine kleine zweiklassige Dorfschule, in Jork dagegen schon eine Mittelschule und in Buxtehude eine Oberschule.

Meine älteren Geschwister, Annemarie und Claus, hatten in der Kriegszeit viel versäumt. Oftmals fiel der Unterricht aus, viele Lehrer mussten damals an die Front. Auch hier wusste meine Mutter wie immer einen Ausweg: Eines Tages kam eine Lehrerin für meine Geschwister in unser Haus, Frau Merck.

Einmal in der Woche machte sie sich mit dem Fahrrad auf den langen Weg von Blankenese nach Königreich. Mit der Barkasse musste sie über die Elbe, die dort drei Kilometer breit ist, dann von Cranz bis zu uns mit dem Fahrrad fahren.

Frau Merck, eine sehr gebildete ältere Dame, damals sicher Mitte fünfzig, stammte aus einer wohlhabenden jüdischen Hamburger Familie. In ihrer Jugend besuchte sie ein vornehmes Internat im schweizerischen Neuchâtel.

Auch ihr Mann entstammte einer bekannten Hamburger Familie. Im Dritten Reich bekleidete er einen hohen Posten, der sich allerdings nicht mit einer jüdischen Ehefrau vereinbaren ließ. So nahm er die gegebene Empfehlung an und ließ sich von ihr scheiden.

Noch heute weiß ich nicht, wie Frau Merck den Krieg überlebte. Niemand sprach damals darüber, vor allem nicht vor uns Kindern. Mit diesem dunklen Kapitel deutscher Geschichte wollte damals niemand konfrontiert werden. Außerdem sahen die Menschen wieder nach vorne.

Für mich jedoch begann mit Frau Merck eine wunderbare Zeit. Immer wenn Frau Merck kam, um meine älteren Geschwister und deren gleichaltrige Freunde zu unterrichten, durfte ich dabei sitzen und zuhören. Mucksmäuschenstill. Sie unterrichtete vor allem deutsche Literatur, Englisch, Latein und auch Musik. Besonders in Erinnerung sind mir die deutschen und griechischen Sagen. Nach dem Unterricht gab es jedes Mal Kaffee und Kuchen. Meine Mutter genoss diese Stunden wohl auch.

Die Bezahlung erfolgte nicht mit Geld, sondern mit Naturalien. Eier, selbst gemachte Butter, Speck und Gemüse waren damals begehrter Lohn. Jedes Mal entlohnte meine Mutter sie aber auch mit einem Spankorb voll Hühnermist für ihren Garten, den sie dann sorgfältig auf dem Gepäckträger deponierte.

Mit ihrem voll bepackten Fahrrad verließ Frau Merck jedes Mal unseren Hof und fuhr schwankend über die schlecht gepflasterte Dorfstraße. Aber sie brachte immer alles heil nach Hause, wo schon ihre Kinder auf das mitgebrachte Essen warteten. Was waren das damals für schwere und bittere Zeiten, als Menschen wie Frau Merck glücklich darüber waren, einen Spankorb voll Hühnermist als Lohn für ihre Arbeit nach Hause zu tragen!

Auch als meine Geschwister ihre Hilfe nicht mehr benötigten, bestand die Freundschaft und gegenseitige Anhänglichkeit zwischen ihr und meiner Familie weiter, bis zu ihrem Tod. Noch heute ist mir ihr gütiges, immer lächelndes Gesicht in lebendiger Erinnerung.

Fischerhaus auf dem Deich

Das Klavier und Frau Krüger

Unsere Mutter, obwohl als ältestes von fünf Kindern auf einem kleinen Bauernhof im Moor aufgewachsen, war kulturell sehr interessiert und legte großen Wert darauf, dass wir Kinder eine gute Bildung erhielten. Frühzeitig lernte sie die harte Arbeit in der Landwirtschaft kennen. Bevor sie früh in die Schule ging, musste der Stall ausgemistet, mussten die Kühe gemolken sein. Flink und geistig sehr aufgeweckt, durfte sie in den letzten beiden Schuljahren – selbst noch ein Schulkind – bereits die kleineren Kinder unterrichten. In der einklassigen Volksschule war der Lehrer froh über diese Unterstützung, saßen doch die Kinder aller acht Schulklassen damals in einem Unterrichtsraum in Dammhausen.

Nach der Schulzeit ging sie in Hamburg »in Stellung«. Als Dienstmädchen arbeitete sie in vornehmen Hamburger Familien und lernte dort nicht nur bügeln und haushalten, sondern auch Kultur und Bildung schätzen. Sie erzählte mir später, dass sie das exakte Bügeln der Oberhemdenkragen im Haushalt des Direktors des Hamburger Schauspielhauses erlernt hatte. Danach stand sie einige Jahre im Dienst der angesehenen Familie Höper! Hier fungierte sie als »Mädchen für alles«. So verlebte meine Mutter ihre Jugendjahre als Dienstmädchen in vornehmer, kulturvoller Atmosphäre.

1931 heiratete sie meinen Vater Jonni und zog mit ihm nach Königreich. Nach dem Krieg kaufte sie in Buxtehude ein gebrauchtes Klavier mitsamt den noch vorhandenen Noten. Gegen den Widerstand der Familie setzte sie es durch – das Klavier erhielt seinen Platz in unserer Bauernstube!

In der Nachbarschaft lebte damals das Ehepaar Krüger, Flüchtlinge aus Pommern. Herr Krüger arbeitete als Lehrer an unserer kleinen Dorfschule. Frau Krüger, die früher Sängerin gewesen war, konnte Klavier spielen! Von nun an erhielt ich bei ihr Klavierunterricht.

Sicher war ich nicht sehr begabt und mein Ehrgeiz nicht gerade groß – meine ältere Schwester spielte viel besser Klavier –, aber auf den Nachmittag mit Frau Krüger freute ich mich dennoch jedes Mal.

Wenn der Unterricht beendet war, setzte sich Frau Krüger selbst an das Klavier und spielte stundenlang weiter. Dazu sang sie mit ihrer schönen Stimme. Und das in einer einfachen Bauernstube.

Die Stube, ausgestattet mit einem Sofa an der Wand, einem Ausziehtisch mit sechs Stühlen in der Mitte, einem Büfett, dem großen Kachelofen und nun noch dem Klavier, war für alle der Mittelpunkt in unserem Bauernhaus. Dabei war sie nur etwa 25 Quadratmeter groß. Nachmittags erledigten wir dort am großen Tisch unsere Hausaufgaben.

Im Winter verging kein Tag, an dem nicht Bauern zu uns kamen, die ein paar Obstbäume aus der Baumschule kauften. Unsere Mutter bewirtete sie im Wohnzimmer mit einer Zigarre und Grog.

Auch für die Buchführung eignete sich der große Tisch hervorragend. Die großen Journale mit Durchschreibeverfahren und die vielen Rechnungen benötigten eine Menge Platz.

Der wöchentliche Unterricht bei Frau Merck fand ebenfalls hier in der Stube statt. Und nun noch Klavier- und Gesangstunden!

Noch heute kenne ich viele alte Lieder aus dieser Zeit auswendig.

Wenige Jahre später zog Familie Krüger weg und ich habe leider nie wieder etwas von ihnen gehört. Aber in ihren Liedern lebt Frau Krüger für mich weiter.

Obstdampfer beim Beladen, etwa 1930er Jahre

Unser Opel Blitz

Da sich die Baumschule meines Vaters in einiger Entfernung von Königreich befand, kauften meine Eltern gleich nach der Währungsreform einen Opel Blitz, einen 1,5-Tonner mit Führerhaus und offener Ladefläche.

Nun kochte meine Mutter morgens um sechs Uhr für alle das Mittagessen, füllte es in emaillierte Gefäße – wir nannten sie »Kessel« –, die sie in eine mit Decken und Zeitungspapier gefütterte Kiste verpackte. Dazu schmierten wir Berge an Frühstücks- und Vesperschnitten. Teller, Besteck, große Kannen mit Kaffee, Werkzeug und Regenmäntel, alles verstauten wir morgens auf der Ladefläche. Zum Schluss stiegen wir auf, setzten uns auf die einfachen Holzbänke und fuhren zur Arbeit.

Pünktlich um sieben Uhr begannen wir und um neun Uhr war die erste Pause, Frühstück. Viertel vor zwölf gab es draußen warmes Mittagessen!

Nach dem Mittagessen war die Mittagspause, in der mein Vater seinen Mittagsschlaf hielt. Der war ihm heilig, sein Leben lang! Er schlief immer richtig ein und wachte auf die Minute genau wieder auf. Wenn er dennoch einmal das Ende der Mittagspause um ein paar Minuten verschlief, freuten wir uns diebisch und weckten ihn natürlich nicht. Mit frischer Kraft ging es dann bis zur Kaffeepause weiter. Um fünf Uhr war die Arbeit draußen beendet, damit wir um sechs Uhr zu Abend essen konnten.

Jeden Werktagabend gab es damals Bratkartoffeln mit Speck und Zwiebeln, kräftig gebraten, dazu Gurken oder Salat und anschließend eine Milchsuppe.

In den Schulferien arbeiteten wir Kinder auch den ganzen Tag in der Obstplantage – und haben manchmal die Stadtkinder beneidet.

Viel zu selten haben wir mit dem Opel Blitz auch mal einen Ausflug gemacht!

Waren die Kirschen im Sommer abgeerntet, fuhren wir morgens in den »Rosengarten«, ein Waldgebiet etwa zwanzig

Kilometer von zu Hause entfernt, zum Blaubeerenpflücken! Bei uns im Alten Land gab es ja keinen Wald, nur Marschland, alles war eben – hier im »Rosengarten« gab es richtigen Wald. So fuhren wir hierher zum Blaubeerenpflücken. Das war eine anstrengende Arbeit für uns Kinder, aber die Aussicht auf leckeren Pfannkuchen mit Blaubeeren – Bickbeeren, wie sie bei uns hießen –, oder mit Milch tröstete uns den ganzen Tag. Natürlich naschten wir auch eifrig und bald waren unsere Münder und Zähne blau gefärbt. Am späten Nachmittag fuhren wir endlich wieder nach Hause. Das war unser Urlaub!

Für die Kirschenernte auf hohen Holzleitern musste man schwindelfrei sein. Die Kiepen wurden mit einem Haken an die Leiter gehängt, um sich zum Pflücken oben auf der Leiter frei bewegen zu können. Das Holzgatter am Boden versperrte den Tieren den Weg zum Nachbargrundstück, das sonst durch Gräben begrenzt war.

Kindheit unterm Kirschenbaum

Das Alte Land wurde in Hamburg auch das »Kirschenland« genannt. Das klingt sehr verlockend. Aber als Kind auf einem dortigen Bauernhof aufzuwachsen, hat auch seine Schattenseiten. Zum Beispiel die Kirschen, so verlockend und süß sie auch schmecken!

Das fanden auch die vielen Vögel, vor allem die Stare – die »Spreen«, wie sie bei uns auf Plattdeutsch heißen. Schon als Kinder mussten wir Spreen »hüten«. Morgens ab sechs Uhr liefen wir im Hof unermüdlich die langen Kirschbaumreihen entlang, bewaffnet mit einer Holzknarre, die wir beim Anflug der Vögel heftig drehten, zusätzlich verscheuchten wir sie mit lauten Rufen. Auch Windräder in den Bäumen dienten als Abschreckung. Sie drehten sich und gaben ein schepperndes Geräusch von sich – aber an dieses gleichmäßige Geräusch gewöhnten sich die Vögel schnell, das jagte ihnen bald keine Angst mehr ein.

Dieses Spreenhüten dauerte die ganze Kirschenzeit, jeden Tag bis Sonnenuntergang, etwa sechs Wochen, Sonn- und Feiertage inklusive.

Als wir schon größer waren, durften – oder mussten? – wir Kirschen pflücken. Lange Leitern standen überall an den Bäumen, damit wir an die hohen Äste gelangten. Und sauber mussten wir pflücken. Keine Kirsche durften wir vergessen! Wir pflückten in Kiepen, Weidenkörbe, die nach oben breiter wurden. Am oben angebrachten Henkel befand sich ein Aufhänger aus Metall, mit dem wir den Korb an die Leiter hängten.

Zum Kirschenpflücken kamen auch manche Werftarbeiter aus dem nahen Hamburg, die sich dafür Urlaub nahmen – oder sie kamen am Wochenende, um sich ein paar Mark dazuzuverdienen. Jeder pflückte im Akkord. Die vollen Kiepen wurden gewogen und die gepflückte Menge aufgeschrieben. Das war eine gerechte Sache und auch wir Kinder bekamen dafür unser Geld.

Aber ich war ja ein eher ängstliches Kind und hatte so man-

1945 am Elbestrand bei Cranz mit meinen Geschwistern

ches Mal Angst auf der hohen schwankenden Leiter! Oft mussten wir uns weit zur Seite beugen, um alle Zweige zu erreichen. Ich denke daran heute noch mit sehr gemischten Gefühlen.

Später gab es, vor allem in den Apfelplantagen, nur noch niedrige Stämme – da war das Pflücken ein Kinderspiel!

Kinder wollen immer ihr Recht einfordern. Das ist überlebenswichtig und von der Natur so angelegt. Auch in Tierfilmen können wir sehen, wie ein junges Kälbchen oder Rehkitz zu seiner Mutter läuft, vehement an ihr Euter stupst und damit »sagt«, dass es trinken will.

In der Zeit meiner Kindheit galt noch eine sehr strenge Erziehungsmaxime: »Nur nicht verwöhnen!« Die Eltern waren meist auch so erzogen worden. Gehorsam war oberstes Gebot und mancher freie Wille wurde unterdrückt. So mussten wir uns als Erwachsene oft erst wieder Selbstbewusstsein erwerben.

Wir mussten immer mitarbeiten. Auch die Ferien gehörten vom ersten bis zum letzten Tag der Arbeit. Manchmal haben

Das Bild war ein Geschenk für unsere Eltern zu Weihnachten 1951

wir die Stadtkinder beneidet! Aber es war letztlich überall auf dem Land so. Allerdings – wir haben auch viel dabei gelernt, an Handgriffen, an Ausdauer und Durchhaltevermögen, an Hilfsbereitschaft und Solidarität untereinander.

Der Fleet, der breite Entwässerungsgraben, war zum Schlittschuhlaufen besonders geeignet, weil dort kein Schilf wuchs.

Schlitten fahren und andere Vergnügen

Schlitten fahren war das herrlichste Wintervergnügen in meiner Kindheit. Der Leser mag sich nun fragen, wo es im flachen Norden überhaupt eine Möglichkeit für solche Winterfreuden gab.

Die Deiche waren dazu bestens geeignet – zwar nicht alle, aber der Estedeich gleich hinter unserem Haus ließ sich im Winter in eine herrliche Rodelbahn verwandeln.

Die großen Jungen präparierten die Bahn mit Wasser, damit sie schön glatt war und wir mit dem Schlitten im Karacho den Deich hinunterrasen konnten, über die Straße und – wenn auch die Gräben zugefroren waren – bis auf den breiten Graben zum Gasthaus »Rademacher« hinunter. Ein herrliches Gefühl!

Manchmal streuten die Erwachsenen Asche auf »unsere Bahn« und bremsten unser Vergnügen. Das währte aber nicht lange. Schnell präparierten wir die Bahn ein nächstes Mal und ab ging die Fahrt!

Damals fuhren noch wenige Autos oder Fuhrwerke auf der Straße und so bezogen wir die Überquerung der Fahrbahn natürlich mit in unsere Rodelstrecke ein. Unten standen immer genügend Kinder herum, die uns rechtzeitig auf eventuelle »Gefahren« aufmerksam machten.

Manchmal sausten wir auch – die Schlitten aneinander geknüpft – in Kolonne auf dem Bauch liegend den Deich hinunter.

Das blieb allerdings nicht immer ohne Folgen. Auch mein Bruder Claus büßte bei einem solchen Abenteuer seinen rechten Schneidezahn ein.

War das Wasser endlich zugefroren, gingen wir Schlittschuh laufen. So feine Eislaufstiefel wie heute – mit integrierten Schlittschuhen – besaßen wir natürlich nicht. Wir befestigten die Schlittschuhe an unseren Winterschuhen – eine Art Schnürstiefel. Damit sausten wir über das Eis.

Pfingstausflug 1949 mit unseren Nachbarn. Von links: Unser Vater, ich, unser Nachbar Folgner, Frau Folgner, Tante Helma, Magda und meine Mutter mit Fuchspelzkragen.

Aber nicht jedes Eis eignete sich zum Schlittschuh laufen. Wir suchten uns dafür möglichst breite Gräben mit wenig Binsen oder anderem Kraut.

Am liebsten liefen wir auf dem Brack Schlittschuh, einem tiefen See, der immer dann entstand, wenn bei einer Sturmflut der Deich brach. Der Brack fror aber nur bei extrem grimmiger Kälte richtig zu. Dort tummelten sich dann alle Kinder unserer Umgebung, große und kleine. Manchmal knackte das Eis gefährlich, aber uns passierte zum Glück nie etwas. Für dieses fröhliche Treiben nahmen wir Kälte und auch ein bisschen Angst gern in Kauf. Glücklich und durchgefroren kehrten wir abends wieder nach Hause.

Natürlich passierten auch Unfälle auf dem Eis und jeder wusste von einem Unglück zu berichten. »Das Büblein steht am Weiher«, dieses Gedicht kannten wir alle und die Eltern mahnten uns jedes Mal aufs Neue zur Vorsicht.

Im Sommer spielten wir »Hinkepinke«. Dazu zeichneten wir geometrische Figuren auf den Boden, warfen kleine Steinchen in die einzelnen Felder und hüpften dann nach bestimmten Regeln von einem Feld zum anderen.

Brachte jemand einen Ball mit, spielten wir am liebsten Völkerball. Wir bildeten zwei Mannschaften, zeichneten ein großes Feld auf und warfen uns gegenseitig ab.

Ich höre in meiner Erinnerung noch die einleitenden Worte beim Völkerballspiel: »Ich erkläre den Krieg gegen...« Meistens waren England, Frankreich oder Russland unsere Gegner.

An heißen Tagen gingen wir schwimmen, aber das konnten längst nicht alle. Manchmal durften wir zum Baden auch an die Elbe. Dort gab es einen herrlichen Strand, für uns Kinder richtige Wellen zum Tummeln im Wasser und große Schiffe, die auf der Elbe vorbeischipperten.

Diese – leider viel zu wenigen – Sommertage haben wir als Kinder sehr genossen. Meisten blieb dafür allerdings vor lauter Arbeit keine Zeit.

Wenn ich heute in meine Heimat zurückkehre, gehört ein Spaziergang auf dem Deich und ein Blick von dort hinüber nach Blankenese immer dazu.

Zurück vom Melken

Melken und frische Butter

Zu jedem Bauernhof gehören eine ganze Menge Tiere. Da wir vom Obstverkauf lebten, hielten wir die Tiere in der Regel nicht zur Vermarktung, sondern für den eigenen Bedarf.

Wenn wir von der Straße aus die große Diele betraten, befanden sich rechts und links kleine Ställe. Auf der rechten Seite begrüßten uns zwei Arbeitspferde, treue Belgier. Auf der linken Seite, im Kuhstall, standen zwei bis drei Milchkühe mit ihren Kälbern und manchmal auch ein bis zwei Bullen.

Unsere Mutter liebte Milch und vor allem selbst gemachte Butter! Auch als die Butter schon wieder in jedem Laden erhältlich war, aß sie am liebsten ihre selbst gemachte Butter.

Natürlich wurden die Kühe noch von Hand gemolken. Auch wir Kinder lernten frühzeitig melken. Im Sommer standen die Kühe auf unserer Weide in Neuland, kurz vor Buxtehude, gut fünf Kilometer vom Hof entfernt. Bis dahin fuhren wir dann morgens und abends zum Melken.

Später, als ich 16 Jahre alt war, kauften meine Eltern ein Moped, mit dem wir dann zur Weide und zurück fuhren. Die Milchkannen hängten wir rechts und links am Moped an besondere Haken

Waren die Kühe gemolken, begann die nächste Arbeit: buttern. Wir gossen die Milch zunächst durch ein feines Sieb, in dem außerdem noch ein hauchdünnes Tuch lag, damit kein Schmutz in die Milchkannen fließen konnte. Dann schöpften wir den Rahm, der sich obenauf bildete, ab und sammelten ihn in einem besonderen Krug. Wenn sich ausreichend Rahm zum Buttern angesammelt hatte, wanderte die ganze Masse Sauerrahm in eine Trommel, die wir Kinder ununterbrochen so lange drehen mussten, bis sich die ersten Klumpen bildeten – endlich Butter!

Meist standen meine Schwester Annemarie und ich abwechselnd an der Trommel und drehten, drehten, drehten. Wir stellten einen Wecker und achteten peinlich genau darauf, dass wir auf die Minute genau abgelöst wurden. Die Arme schmerzten ohnehin. Meine ältere Schwester Annemarie war damals zehn Jahre alt, ich selbst vielleicht fünf oder sechs. Später übernahm diese Arbeit ein Elektromotor.

Hatten wir die ganze Menge endlich zu Butter gedreht, hob unsere Mutter die fertigen Butterklumpen in eine große Holzmulde, bearbeitete sie mit einem Holzspachtel, damit die restliche Molke austrat, und formte kleine Butterlaibe aus der Masse, die sie abschließend liebevoll verzierte.

Auf der anderen Straßenseite, hinter dem Altenteilerhaus, stand unser Schweinestall. Meine Eltern hielten nur so viele Schweine, wie sie für den eigenen Haushalt benötigten. Aber dann kam mein Vater auf eine Idee: Schweine mästen – ein verlockendes Geschäft! Alles wurde erweitert, die Ställe ausgebaut, hundert oder gar zweihundert Ferkel gekauft, reichlich Stroh für die Einstreu und das richtige Futter beschafft. Anfangs ging auch alles gut. Dann grassierte in unserer Nachbarschaft die Schweinepest. Auch unsere Tiere traf es. Das war ihr Ende.

Unser Vater begann nicht noch einmal von vorn. Er handelte nach dem Sprichwort »Schuster, bleib bei deinen Leisten« und widmete sich wieder seinen Obstbäumen.

Hinterm Haus begann der freie Auslauf für unsere Hühner, bis hin in den Obsthof durften sie. Der Hühnerstall, ein lang gezogenes einstöckiges Backsteingebäude, stand weit vom Haus entfernt. Vorn gehörte der größere Teil des Hühnerhauses den Hühnern, den Hintereingang benutzten die Enten. In meiner frühen Kindheit hielten meine Eltern noch Gänse – wir brauchten ja Federn für die Daunendecken. Und Truthähne! Vor den großen Gänsen und Truthähnen hatte ich als Kind gehörigen Respekt. Sie liefen hinter uns her und versuchten, uns mit ihren großen Schnäbeln zu zwicken. Das tat entsetzlich weh – und so ging ich ihnen lieber aus dem Weg.

Die Enten verzogen sich im Freien meist gleich in den vorbei fließenden Graben.

Morgens warteten zuerst die Hühner auf uns, wir mussten frisches Wasser in die Gefäße füllen, die Klappen ins Freie öffnen, im Legegestell nach Eiern suchen! Auch abends führte uns der letzte Weg in den Hühnerstall. Keine Ente durfte fehlen, kein Marder oder Fuchs durfte in den Hühnerstall gelangen.

Hühner schlachtete bei uns zu Hause immer die Mutter. Mir war das ein Graus, und selbst als ich später eine Lehre der Ländlichen Hauswirtschaft aufnahm und Hühnerschlachten zu den Prüfungsaufgaben zählte, brachte ich es nicht fertig.

Frau Somfleth, meiner Lehrfrau, ging es ebenso. Gemeinsam hofften wir, dass ich in der praktischen Prüfung eine andere – per Los zugeteilte – Aufgabe ziehen würde, und ich hatte Glück!

Ein Jahr später, in der Staatlichen Landfrauenschule stand ich vor dem gleichen Problem, dieses Mal aber praktisch! Der Krampf in meiner rechten Hand dauerte sehr lange, erst ein Arzt konnte das Messer aus der rechten Hand entfernen.

Wir Kinder liebten unsere Katzen und natürlich auch unsere Hunde, treue Gefährten in unserer Kindheit. Sie gehörten für uns zur Familie, durften allerdings nicht mit in die Stube.

Eine Hundekette gab es bei uns nie. Senta, Lux und Tell begrüßten mich auch nach längerer Abwesenheit mit fröhlichem Gebell und wir fühlten uns von ihnen gut beschützt.

Magda sprach nur Hochdeutsch

Im Norden sprachen die Menschen nur Plattdeutsch. Waren wir bis zum Krieg mit dem nordischen Platt sozusagen unter uns, so kamen während des Krieges und danach viele Flüchtlinge in unser Dorf und brachten ihre Dialekte mit.

Auch bei uns wohnten 1945 Flüchtlinge, Frau Fiedler mit ihren Eltern aus Stettin, Familie Zembcke und Familie Funk aus Schlesien und im neuen Haus bereits seit 1943 eine ausgebombte Familie aus Hamburg.

Frau Fiedler, eine große, elegante Dame, war damals wie unsere Mutter 38 Jahre alt. Bis zu ihrer Flucht im Januar 1945 besaß ihr Mann in Stettin ein großes Juweliergeschäft. Nun hauste sie mit ihren alten Eltern in einem kleinen Zimmer mit Flur.

Frau Fiedler hatte keine eigenen Kinder und so kümmerte sie sich um meine kleine Schwester Magda, die damals gerade ein halbes Jahr alt war. Unserer Mutter blieb dazu kaum Zeit. Unser Vater war noch in Gefangenschaft, die Kriegsgefangenen und Fremdarbeiter waren wieder in ihre Heimat zurückgekehrt und sie bewirtschaftete Haus und Hof nun allein mit uns Kindern und Helma. So gab sie Magda gern tagsüber zu Frau Fiedler und wusste sie bei ihr in guten Händen. Nun waren sie sogar oft zu viert in dem kleinen Zimmer. Aber für ein Kind sind enge Wohnverhältnisse nicht das Wichtigste, die Hauptsache sind Liebe und Zuwendung. Und beides spürte sie bei Fiedlers in ausreichendem Maße.

So war es nicht verwunderlich, dass Magda ihre ersten Worte nicht in Plattdeutsch, sondern in feinem Hochdeutsch brabbelte. Sprach doch Frau Fiedler nur Hochdeutsch mit ihr. Zwar verstand Magda das Plattdeutsch ihrer Eltern und Geschwister, selbst sprach sie jedoch von Anfang an nur Hochdeutsch. Das ist bis heute so geblieben. Sitzen wir als Familie zusammen, hört sich so eine Unterhaltung für Außenstehende manchmal recht seltsam und amüsant an – mal Platt-, mal Hochdeutsch. Für uns aber ist das ganz normal.

Später, als ich in Buxtehude die Oberschule besuchte, bekam ich die Tücken der plattdeutschen Grammatik deutlich und manchmal auch peinlich zu spüren. Wie einfach ist es doch, dass es in unserem Plattdeutsch nur »mi« und »di« gibt! Oft lachten die Mitschüler herzlich über mich, wenn ich wieder einmal »mir« und »mich« beziehungsweise »dir« und »dich« verwechselte. Doch mit der Zeit lernte ich den grammatischen Unterschied.

Noch heute erinnere ich mich in diesem Zusammenhang an ein besonderes Erlebnis. In der siebten Klasse waren wir während eines Schulausfluges mit einer Barkasse auf der Elbe unterwegs.

Bedingt durch den ungewohnt hohen Wellengang und sicherlich auch durch die Aufregung war ich seekrank geworden. Ich musste mich übergeben und konnte vorher nur noch sagen: »Ich bin schlecht.« Dass wieder einmal alle über mein plattdeutsch geprägtes Hochdeutsch lachten, war mir gar nicht recht. Etliche konnten aber in dem Moment auch nicht lachen. Sie hingen selbst über der Reling.

Es ergaben sich auch manch andere kuriose Situationen durch unser Plattdeutsch. So sprach mein Bruder Claus mit seiner Frau nur Hochdeutsch, während wir Geschwister mit ihm und seiner Frau Hanna nur Plattdeutsch sprachen. Ihre Kinder lernten ebenfalls für die Schule nur Hochdeutsch.

1957 besuchte ich die Staatliche Landfrauenschule in Tauberbischofsheim und wohnte dort im Internat, weit weg von zu Hause. So hörte und sprach ich mehrere Monate – bis zu den ersten großen Ferien – kein Plattdeutsch. Ich erhielt zwar regelmäßig Post von zu Hause, aber wir telefonierten nicht miteinander, das kostete zu viel Geld.

Endlich waren Ferien. Um bereits einen Tag eher zu Hause zu sein, benutzte ich den Nachtzug und sollte vom Bahnhof Buxtehude zu Hause anrufen, damit mich jemand abholte. Meine größte Sorge war, dass ich nicht mehr richtig Plattdeutsch sprechen kann. Als ich um sechs Uhr morgens die Stimme meiner Mutter am Telefon hörte, war diese Sorge vergessen. Diese erste Nachtfahrt bleibt mir immer in besonderer Erinnerung.

Im Internat durften wir uns Reisebrote schmieren. Unser Gepäck stand schon verschnürt bereit und gegen acht Uhr abends fuhr uns der Bus nach Lauda, wo der Zug Stuttgart–Hamburg kurz vor zehn Uhr hielt. Diese Wartezeit auf dem Bahnhof schien endlos, wir waren müde und aufgeregt. So aßen wir denn einfach den Reiseproviant schon vorher auf.

Traf der Zug endlich ein, kämpften wir uns in den vollen Waggon und standen meist so eng, dass wir unsere eigenen Füße nicht sahen. Stieg unterwegs jemand aus, konnten wir wenigstens mit etwas Glück auf unserem Koffer sitzen, ein richtiger Sitzplatz war aussichtslos, erst recht ein Platz zum Liegen.

Ich erinnere mich an fast abenteuerliche Fahrten, bei denen ich die meiste Zeit auf den unheimlich wackelnden Blechteilen der Zugverbindungen stand! Sah ich aber endlich mein Elternhaus und hörte ich mein gewohntes Plattdeutsch, war das alles rasch vergessen.

Gern erinnere ich mich auch an eine Episode auf dem Bahnhof in Tauberbischofsheim, als ich meine Fahrkarte für die Heimreise kaufte.

»Bitte eine Rückfahrkarte nach Buxtehude.«

Der Mann hinter dem Schalter bekam ein rotes Gesicht und fragte sichtlich verärgert: »Wo wohnen Sie?«

Und als ich ihm wahrheitsgemäß antwortete: »In Königreich bei Buxtehude«, drohte er fast zu platzen und schnarrte mich an, was ich mir denn erlaube! Alle Papiere hatte ich ihm hinzulegen. Bis er später wortlos in seinem Eisenbahnkatalog den Ort Buxtehude suchte und ihn sogar fand. Ich hätte es ihm ja ganz leicht erklären können, aber er hatte mich ja nicht gefragt.

Hausierer und andere Gäste

Meine Mutter kochte immer in großen Töpfen. In ihrer Küche stand als besonderes Prachtstück ein großer schwarzer Herd, fest eingemauert und mit zwei offenen Feuerstellen, die mit einzelnen Ringen abgedeckt werden konnten. Je nach Topfgröße entfernte meine Mutter mit einer Zange entsprechend viele Ringe von der Herdplatte und setzte die Töpfe auf das offene Feuer. Durfte das Essen nur noch köcheln, setzte sie alle Ringe wieder ein und die Töpfe auf die nun geschlossene Herdplatte. Wir heizten nur mit Holz, das uns der Obsthof reichlich lieferte. Im Winter kam ein Unternehmer mit einer großen, elektrischen Säge auf unseren Hof und sägte alle dicken Äste und Stämme in die passende Länge. Anschließend brachten die Männer die fertigen Holzstücke in großen Kiepen auf den Dachboden und stapelten sie dort zum Trocknen. Kleinere Äste wanderten in den Schredder oder dienten als Sprockholz zum Feueranzünden. Auch für ein besonders helles, schnelles Feuer eignete sich dieses Holz gut.

Aber zurück zu unserem Prachtstück.

Im unteren Bereich befand sich ein großer Backofen. Jede Hausfrau kannte damals ihren Herd genau und wusste, wie viel Holz der Herd benötigte, um für das Kuchenbacken die richtige Temperatur zu erreichen.

Natürlich ging manchmal auch etwas schief, wurden die Weihnachtsplätzchen zu schnell braun – sehr zur Freude der Kinder, denn dann durften wir schon vorher davon naschen.

Unter dem Backofen existierte zusätzlich ein Wärmefach. Eine besonders praktische Einrichtung war das »Schiff« auf der linken Herdseite, eine an der Wand zum Schornstein eingelassene Vertiefung, in die wir stets Wasser füllten. So hatten wir immer kostenlos warmes Abwaschwasser.

Eine Messingstange vor dem Herd verhinderte, dass sich die Frauen ihre Schürzen an der heißen Herdplatte verbrannten, und diente gleichzeitig als Trockner für die Küchenhandtücher.

Die Wärme, die der Herd ausstrahlte, und die Töpfe auf dem Herd sorgten immer für eine wohlige Atmosphäre in unserer Küche, es war eben eine richtige Wohnküche. Unserem Prachtstück ebenbürtig war der große Küchentisch mit der Sitzbank und den Stühlen.

Die Bank ließ unsere Mutter nach dem Krieg bei einem Schreinermeister aus ihrem Heimatdorf eigens nach ihren Angaben fertigen, mit reichhaltigen Verzierungen und schön geschwungenen Seitenlehnen. Auf dieser Bank saß jeder gern.

Kamen wir nachmittags den weiten Weg von Buxtehude oder Jork aus der Schule, saß oft schon jemand auf unserem geliebten Platz auf der Bank: einer der vielen Hausierer mit seinem Bauchladen, der es wieder einmal so eingerichtet hatte, dass er gerade zur Essenszeit bei meiner Mutter vorsprach. Sie hatte stets eine offene Hand. Was hat sie ihnen aus reinem Mitleid nicht alles abgekauft! Nach ihrem Tod fanden wir noch jede Menge Strumpfhalter und andere kuriose Hausiererartikel, die für eine ganze Kompanie gereicht hätten.

Da immer ein großer Topf mit Weißkohl, Grünkohl oder Steckrüben auf dem Herd stand, in dem jeweils ein gutes Stück fetter Schweinebauch kochte, dazu die guten Kartoffeln, reichte es immer für eine zusätzliche Mahlzeit. Unser Vater sagte nie etwas dagegen. Sicher erinnerte er sich oft selbst noch an die Zeit seiner Gefangenschaft, an den Hunger und die Entbehrungen.

Im Winter saßen wir nun nach Feierabend alle miteinander in der guten Stube, schälten Äpfel, die sich nicht für den Verkauf eigneten, spielten »Mensch ärgere dich nicht«, Mühle, Halma, Dame oder Schach. Ich spielte auch gern Quartett. Spätestens um zehn Uhr gingen alle schlafen. Bier oder andere alkoholische Getränke gab es nicht, nur Apfelsaft oder Ähnliches. Wohl gab es einen »Köhm«, einen klarer Kornschnaps im Haus, aber ich habe meine Eltern zu Hause nie Bier oder Schnaps trinken sehen. Zu besonderen Festen, zu Hochzeiten, Konfirmationen oder bei Geburtstagen, stand eine Flasche Wein auf dem Tisch, »Zeller Schwarze Katz«, »Niersteiner Domtal« oder »Kröver Nacktarsch« – liebliche Weinsorten, die es in das norddeutsche Dorf geschafft hatten.

Saßen wir abends in der Stube zusammen, spielten oder

lasen und es musste etwas geholt werden, waren wir Kinder die Laufburschen. Die Erwachsenen hatten schließlich Feierabend, und wir hatten junge Beine!

Neben den Hausierern gab es auch andere Gäste an unserem Tisch.

Nach dem Krieg öffneten die großen Werften in Hamburg und die drei kleineren bei uns an der Estemündung wieder ihre Pforten und brachten den Menschen Lohn und Brot. Doch auch in unserer Baumschule brauchten wir neue Arbeitskräfte. Da war die Konkurrenz der nahen Werften schwer und wir mussten versuchen, die gleichen Bedingungen anzubieten. Die hohen Werftlöhne konnten meine Eltern in der Landwirtschaft nicht bezahlen, also brauchten sie einen anderen Anreiz für die Arbeitskräfte.

Unsere Mutter wusste einen Ausweg. »Familienanschluss« hieß das Zauberwort, das uns bei gleicher Arbeitszeit, aber doch deutlich geringerem Lohn zu den notwendigen neuen Arbeitskräften verhelfen sollte. Eines Tages fuhr meine Mutter mit dem Dampfer nach Hamburg zum Hauptarbeitsamt. Dorthin kamen jeden Morgen viele Arbeitsuchende in der Hoffnung auf einen Job. Und Mama hatte Glück! Zurück kam sie in Begleitung zweier Männer mit Gepäck, die allerdings etwas sonderbar aussahen. Der eine blieb nicht lange, der andere wohnte und arbeitete einige Jahre bei uns. Die Dekoration in seinem Zimmer verriet einiges über seine Vergangenheit – bunte Stoffe im Leopardenlook! Rudi – so hieß er – war früher einige Zeit mit einem Zirkus unterwegs gewesen. Seine Hemden waren ungewohnt bunt, das Haar pechschwarz und die Musik in seinem Zimmer unbekannt und laut.

Unsere Mutter allerdings schreckte das nicht ab – und so wurde es eben etwas bunter bei uns am Tisch.

Kein Weihnachten ohne Grünkohl

Der Winter nimmt im Jahreslauf des Landlebens eine besondere Stellung ein. Die Natur begibt sich zur Ruhe und deckt sich mit einem dicken weißen Kleid zu.

Für die Bauern gab es auch im Winter reichlich Arbeit. So mussten beispielsweise die Gräben »gekleigrabt« werden. Aus den einzelnen Abschnitten der Entwässerungsgräben ließen die Männer das Wasser ab, standen nun, mit wasserdichten Hosen und Stiefeln, ähnlich wie die Nordseefischer, im Graben und entfernten alles, was ein zügiges Fließen verhinderte, vor allem viel überflüssige Erde – eben »Klei«. Später liehen wir uns für diese schwere Arbeit Maschinen aus, solche, mit denen auch heute noch die Fahrrinne der Flüsse vertieft wird.

Jahre später wurden die Gräben zugeschüttet und das Wasser floss in Rohren, auch Siele genannt. Das brachte bei gefährlichem Spätfrost während der Obstbaumblüte Mitte Mai Probleme mit sich, denn das Wasser konnte die Wärme nicht mehr abstrahlen, um den Frost zu mildern. Zum Ausgleich wurden nun die neuen Berieselungsanlagen angeschaltet.

Natürlich mussten immer Äpfel sortiert werden. Von morgens bis abends sortierten wir im Winter in der Obstscheune Äpfel, je nachdem, welche Sorte und Größe der Obsthändler benötigte. Die jeweilige gewünschte Sorte rollte zum Auslesen über das Sortierbrett – später besaßen wir eine Sortiermaschine – in große Holzkisten. Wie schwer diese Kisten beim Hochheben waren, weiß mein Rücken heute noch!

Auch für die Baumschule gab es im Winter viel Arbeit: der Verkauf der Obstbäume, die Mitarbeit in Jork in der anerkannten Forschungs- und Beratungsstelle, dem »Versuchsring«. Ihm war mein Vater angeschlossen und besuchte im Winter Versammlungen, Beratungen und Schulungen. Für die Existenz der Baumschule war es wichtig, dass er immer wusste, welche neuen Sorten empfohlen wurden! Die wollte meist auch gleich jeder Kunde kaufen, aber die Anzucht von der Veredelung bis zum Halb- oder Hochstamm dauerte natürlich drei Jahre. Und an erster Stelle stand für ihn die bange

Frage, ob er genügend und vor allem gute Reiser bekommen würde. Also saßen wir in der Scheune, ein »Bollerofen« verteilte etwas Wärme – die Finger mussten ja frei und gelenkig sein – und begannen mit dem Veredeln des so genannten Wildlings: ein scharfer, schräger Schnitt oberhalb des Wurzelhalses, ein Auge des neuen Reises, ebenso scharf und schräg beschnitten, und das Ganze zusammengelegt und mit geübten Fingern miteinander mit Bast verbunden. Dann begann meine Arbeit. Auf dem »Bollerofen« blubberte in kleinen Töpfen das Baumwachs. Es brauchte genau die richtige Konsistenz, durfte nicht mehr zu heiß, musste aber noch gut streichfähig sein. Damit bestrich ich die veredelte Stelle, so dass sie nicht austrocknete und gut zusammenwuchs.

Hatten wir im Winter nicht genug Pfropfreiser oder passende Wildlinge, okulierten wir im Sommer in der Baumschule. Dafür standen wir den ganzen Tag bei sengender Hitze tief gebückt in der Reihe und verbrannten uns manchmal den Rücken – gute Sonnencremes gab es noch nicht –, aber wir wollten ja braun werden.

Im Winter pflegten die Männer auch die vielen Obstbäume. Aber die Arbeitstage waren kürzer. Morgens begannen wir erst um sieben Uhr und abends war eine Stunde eher Feierabend.

Dann kam endlich die Advents- und Weihnachtszeit!

Wir holten den Ständer für den Adventskranz vom Boden, kauften einen Adventskranz oder fertigten manchmal auch selbst einen Kranz und hängten ihn mit rotem Schleifenband an den Adventsständer. Dazu vier Kerzen und kleiner Schmuck. Am ersten Adventssonntag zündete meine Mutter die erste Kerze an und wir sangen ein paar schöne alte Adventslieder. Nur diese eine Kerze brannte, sonst nichts.

Am fünften Dezember putzten wir abends die Schuhe blitzblank und stellten den größten Stiefel ans Fenster. Der Nikolaus kam jedes Jahr vorbei und füllte unsere Stiefel mit Gebäck und Süßigkeiten. Schon jetzt lernten wir Lieder und Gebete für den Weihnachtsmann.

Den Tannenbaum brachte am Heiligen Abend das Christkind oder der Weihnachtsmann. Da gab es vorher jede Menge Geheimnisse. Die Stube war abgeschlossen, wir durften nicht hinein. Ich kann mich noch an einen 23. Dezember erinnern, als ich in Vorfreude und Aufregung in der Diele spielte und pausenlos sang: »Morgen kommt der Weihnachtsmann, kommt mit seinen Gaben.« Das nervte meine große Schwester so sehr, dass sie schließlich drohte: » Wenn du das jetzt noch einmal singst, kommt er morgen nicht.« Das saß!

Für die Frauen bedeuteten die Tage vor Weihnachten jede Menge Arbeit! Der Grünkohl gehörte in meiner Heimat genauso zum Weihnachtsfest wie der Weihnachtsbaum! Das war jedes Jahr eine Zeremonie. In großen Mengen meist frisch aus dem Garten geholt, musste er meist erst auftauen. Dann streiften wir die Blätter ab, reinigten sie in großen Zinkwannen, und schließlich wanderte der Grünkohl in die größten Einkochtöpfe auf den Herd. Dort fiel er buchstäblich in sich zusammen, ähnlich wie Spinat. Wir kochten immer eine sehr große Portion, denn schließlich schmeckte er auch aufgewärmt noch herrlich.

Es gab kein Haus in unserem Dorf, in dem es zu Weihnachten nicht nach Grünkohl roch.

Am Heiligen Abend kochte der Grünkohl mit viel Fleisch, Bauchspeck und Wurst auf dem Herd vor sich hin.

Zuerst gingen wir in die Kirche nach Estebrügge. Mit etwas Glück schneite es sogar. Wir spannten die Pferde an und ich erinnerte mich dabei jedes Mal wieder an die Kutschenfahrten mit Titorenkow. Später fuhren wir mit dem Auto in die Kirche.

Wir sangen wunderschöne Weihnachtslieder, auch immer einen Quempas, einen Wechselgesang mit verschiedenen Gruppen aus allen vier Ecken der Kirche, das gefiel mir immer besonders.

Jemand las die Weihnachtsgeschichte vor, Pastor Skowronnek hielt die Predigt, die Orgel spielte stimmungsvoll und zum Schluss sangen alle »Stille Nacht« und »Oh du fröhliche«. An den großen Tannenbäumen am Altar brannten die Kerzen. Es war sehr feierlich und beeindruckend.

Dann endlich fuhren wir nach Hause.

Zuerst gab es Essen. Der Grünkohl schmeckte allen vorzüglich, nur wir Kinder konnten es kaum erwarten und hätten am liebsten schon einen Blick in die Stube geworfen.

Nach dem Essen musste wir erst noch abwaschen – und endlich!

Alles war dunkel, die Türen öffneten sich und wir sahen den großen Tannenbaum mit den brennenden Kerzen. Unter dem Baum lagen viele große und kleine Päckchen. Doch zunächst stellten wir uns um den Weihnachtsbaum, sangen Weihnachtslieder und wir Kinder sagten Gedichte auf. Schöner alter Glasschmuck aus Thüringen verschönerte den Baum, zwei, drei Vögel saßen auf den Zweigen, bunte Glaskugeln hingen herab. Oben eine große Spitze – und natürlich viel Lametta und Engelhaar.

Dann endlich begann die Bescherung! Jeder bekam etwas Praktisches zum Anziehen, warme Unterwäsche, Strümpfe, Hemd und Hose.

Plötzlich klopfte es heftig an die Fensterscheiben – oh Schreck, der Weihnachtsmann!

Jemand ließ ihn herein und da stand er nun vor uns mit seinem roten Mantel mit Kapuze, weißem Bart und großen Stiefeln! In der einen Hand hielt er die Rute und fuchtelte damit wild vor uns Kindern herum. Mit der anderen Hand hielt er einen Sack auf dem Rücken fest. Nun standen wir artig vor ihm, sagten aufgeregt unsere rechtzeitig gelernten frommen Gedichte auf und versprachen dem Weihnachtsmann, immer brav und gehorsam zu sein.

Dann endlich öffnete er den riesigen Sack und überreichte uns die Geschenke. Meine Puppe bekam ein neues Kleid, das Schaukelpferd bewegte sich wieder, ein Kreisel begann sein Spiel, später gab es Bücher, Bauklötze, Malstifte und andere Herrlichkeiten.

Anschließend verabschiedeten wir den Weihnachtsmann gebührend. Schließlich warteten an diesem Abend noch viele andere Kinder auf ihn.

Zu späterer Stunde kam dann unser langjähriger Mitarbeiter Werner herein, der die Bescherung leider verpasst hatte, und eifrig erzählten wir ihm, was uns der Weihnachtsmann alles gebracht hatte, viele Geschenke, Süßigkeiten, Nüsse und Gebäck. Wir plauderten und spielten den ganzen Abend. Gegen zehn Uhr gab es noch Kaffee und eine Torte!

Einkaufen bei Tante Mine

Einkaufen liebten wir Kinder. Es war ein Erlebnis! Im Nachbarhaus gab es einen Kolonialwarenladen, heute liebevoll Tante-Emma-Laden genannt. In großen Glasgefäßen mit Schraubdeckel lockten Himbeerdrops und Sahnebonbons uns immer wieder zu Tante Mine, der guten Seele des Ladens.

Tante Mine schrieb alles in ein schwarzes kleines Büchlein und am Ende des Monats verlangte sie das Geld. Das war für alle Beteiligten am einfachsten. Früher bezahlten die Leute noch nicht gleich beim Einkauf, sie ließen »anschreiben«.Es gab noch keine elektronische Erfassung und noch keine Kassenbons.

Betraten wir den Laden, meldete eine Klingel an der Tür unser Erscheinen und Tante Mine trat von hinten in den Laden. Wir gingen vor zum Tresen und sagten artig unsere Bestellung. Zucker, Mehl und andere Grundnahrungsmittel lagerten in großen Schubladen.

Mit Spannung sahen wir als Kinder zu, wie sie das Gewünschte auf Anhieb genau abwog und in einzelne Tüten füllte. In einer geschlossenen kleinen Vitrine gab es auch Käse, den sie nach Bedarf in Scheiben schnitt.

Aber nicht nur Lebensmittel gab es zu bestaunen, auch Waschmittel, Liköre wie »Danziger Goldwasser«, Flaschen mit blauem und grünem Likör, Brandy, Korn oder auch »Scharlachberg« und »Jägermeister«! Diese besonderen Schnäpse kauften die Leute nur, wenn in der Nachbarschaft ein Geburtstag gefeiert wurde. Da trafen sich alle Nachbarn und Freunde und jeder brachte eine Flasche mit.

Wie in jedem Tante-Emma-Laden gab es auch eine kleine Auswahl an Bekleidung, Schulheften, Schreibwaren und die neuesten Nachrichten. Nein, nicht die aus der Zeitung. Hier kamen ja die meisten Menschen zusammen und tauschten die neuesten Informationen aus, sie tratschten!

Hatten wir alles für die Mutter eingekauft, warteten wir sehnsüchtig auf die Zugabe – das Bonbon aus Tante Mines

Glasgefäß! Was für ein Gefühl, wenn sie das Glasgefäß öffnete und wir einen Bonbon erhielten!

Brot, Fisch und Fleisch gab es bei Tante Mine nicht, das brachten regelmäßig Lieferwagen aus den Nachbarorten. Jedes Mal freuten wir uns auf Bäcker Albers oder Bäcker Engelhardt aus Cranz. Große rechteckige Schwarzbrote brachten sie mit – dunkle Vollkornbrote mit hohem Roggenanteil. Das Brot duftete jedes Mal so verlockend, dass wir Kinder schon auf dem Heimweg nicht widerstehen konnten und ein Stück von der herrlichen Kruste abbrachen und naschten.

Für den Sonntag kauften meine Eltern immer ein weißes Kastenbrot und manchmal, wenn ein besonderer Tag war, auch ein Rosinenbrot. Auch Kuchen brachte der Bäcker mit, jeder seine Spezialitäten. Am meisten liebte ich Butterkuchen, echten Altländer Butterkuchen.

Meine Mutter liebte Fisch über alles, vor allem geräucherten Fisch. Schon als junges Mädchen hatte sie bei einem Besuch in Buxtehude der Versuchung einer »Schillerlocke« nicht widerstehen können.

Mit ihren guten »Beziehungen« kannte unsere Mutter natürlich auch einen Angler in Cranz, der uns regelmäßig mit einem Eimer Aale versorgte. Aber uns Kinder begeisterte deren Anblick überhaupt nicht, und schon gar nicht die weitere Prozedur. Gebratene Aale oder die berühmte Hamburger Aalsuppe waren nicht mein Geschmack.

Einmal in der Woche kam auch ein Schlachter mit seinem Fahrzeug vorbei.

Ich liebte Heringssalat, angemacht mit Roter Beete. Als wir in der achten Klasse zu unserem ersten großen Schulausflug unterwegs waren, mussten alle Schüler ihre Verpflegung für diese Tage selbst mitbringen. Also sagte ich zu meiner Mutter: »Außer Brot und Marmelade brauche ich nur Heringssalat!«

Ich klang so überzeugend, dass sie mir wirklich nur Heringssalat mitgab.

Nach diesem Ausflug endete meine Liebe zu dieser Art Heringssalat.

Onkel Adam war katholisch

Die Patentante meiner Mutter hieß Katharina. Sie war die Schwester meines Dammhausener Opas. Sie ist sicher frühzeitig verstorben, denn in meiner Kindheit lebte sie schon nicht mehr. Meine Mutter erzählte mir viel von ihr. Einem alten Foto nach zu urteilen war Katharina eine schöne, stolze, eigenwillige junge Frau. Sie hatte viel Ähnlichkeit mit meiner Mutter.

Wie meine Mutter ging auch Katharina als Dienstmädchen zu wohlhabenden Hamburger Familien in Stellung. Die jungen Mädchen vom Lande empfanden das durchaus als einen gewissen gesellschaftlichen Aufstieg, denn in den meisten Familien wurden sie gut behandelt, besaßen sie ihr eigenes kleines Zimmer, erhielten meist zum ersten Mal in ihrem Leben ordentliche Kleidung und gehörten in gewisser Weise zur Familie. So waren sie stolz auf die Familie, bei der sie arbeiteten und die sie auch in ihrer geistigen und kulturellen Entwicklung prägten. Das alles konnte ihnen das kleine Heimatdorf im Moor nicht bieten.

In Hamburg verliebte sich Katharina in Adam Marcinowsky, einen polnischen Schreinermeister. Der junge Adam war katholisch.

Heute ist es nur schwer nachzuvollziehen, wie schwierig so eine Liebe zur Zeit unserer Großeltern war. Allen Widerständen in ihrer und seiner Familie zum Trotz heirateten die beiden. Später wohnten sie in Hamburg am Schulterblatt. Als Kind fand ich diese Adresse immer sehr spannend.

Nach Katharinas Tod sorgte meine Mutter ein wenig für Onkel Adam. Fuhr sie mit mir nach Hamburg-Eppendorf in die Augenklinik, besuchten wir auch Onkel Adam, und Mutter versorgte ihn in der schlechten Kriegszeit und den Nachkriegsjahren mit notwendigen Lebensmitteln.

So trat ich mit ihr jedes Mal in die fremde Welt einer Großstadtwohnung ein. Meist blieben wir in der Küche. Alle Möbel in seiner Wohnung hatte Onkel Adam selbst getischlert – es waren herrliche Schreinerarbeiten.

Tante Katharina, die Frau von Onkel Adam und Schwester von Opa Marquardt, war die Patentante meiner Mutter und sah ihr sehr ähnlich.

Als ich Onkel Adam nach dem Krieg bei unseren Besuchen erst so richtig kennen und schätzen lernte, war er ein alter, einsamer Mann. Er und Katharina hatten keine Kinder.

Die katholische Kirche hatte ihm wohl die Heirat mit einer evangelischen Frau nie verziehen. Bei seiner Beerdigung auf dem Ohlsdorfer Friedhof erlebte ich zum ersten Mal einen Grabredner statt eines Pfarrers. Als ich selbst 1965 meinen Mann heiratete, der auch katholisch war, musste ich katholisch heiraten und unterschreiben, dass die Kinder katholisch getauft würden, sonst wäre mein Mann exkommuniziert worden. Heute ist das zum Glück einfacher.

Geburtstage und andere Feste

Geburtstage waren immer ein willkommener Anlass, Verwandte und Freunde einzuladen. Aber vorher musste alles natürlich picobello sauber sein. Zweimal im Jahr fand großer Hausputz statt, eine besondere Rolle spielte der Frühjahrsputz.

Die Männer nahmen schon vorher Reißaus, war doch mit den Frauen an solchen Tagen nicht zu spaßen.

Alles räumten sie nach draußen an die frische Luft, Betten, Matratzen, Teppiche, Kleider, klopften, bürsteten und schüttelten sie aus, legten Schränke neu aus, putzten Silber.

Wände, Fenster, Fußboden, nichts blieb beim großen Hausputz vor ihnen verschont. Abends fielen sie todmüde, aber glücklich ins Bett. Jetzt war das Haus sauber. Jetzt konnten die Gäste eingeladen werden.

Unsere Eltern hatten beide Ende Januar Geburtstag. Dann war das Haus voller Gäste, vor allem zum Geburtstag meiner Mutter: Onkel Willi, Mutters ältester Bruder mit seiner Frau Anita und den vier Kindern, Tante Anni, Mutters jüngere Schwester mit ihrem Mann Hein und den beiden Söhnen.

Zwei Brüder waren nicht aus dem Krieg zurückgekehrt.

Aus Jork kam Tante Tine, die Witwe von Vaters älteren Halbbruder Heinrich, die seit dem Tod ihres Mannes 1940 für den Rest ihres Lebens nur schwarze Kleidung trug. Wir fanden das als Kinder immer schrecklich. Die ersten Jahre bis 1956, als Tante Helma noch lebte, nahm auch sie gern an solchen Familienfeiern teil.

Es gab reichlich Kaffee und Kuchen mit viel richtiger, »guter« Sahne. Nach dem Krieg haben wir das genossen!

Tante Anni liefen immer Ströme von Schweiß das Gesicht herunter, sie war stets sehr nervös. Zu Beginn des Krieges hatte sie aus Kummer urplötzlich alle Haare verloren. Onkel Hein kam mit zerschossenem Arm aus dem Krieg und konnte ihr nicht viel helfen. So arbeitete sie praktisch allein auf dem kleinen Moorhof und versorgte die zwei kleinen Kinder.

Das war eigentlich überhaupt nichts Spektakuläres. Aber auch später kamen die Neffen und Nichten mit ihren Famili-

1949 vor dem neuen Haus: Unsere Eltern, in der Mitte Oma, Magda und ich anläßlich der Goldenen Hochzeit der Nachbarn Hauschildt. Meine Schwester Magda und ich (rechts vorn) waren nicht geladen, deshalb tragen wir keine festlichen Kleidung

en dazu – zu Tante Minna, meiner Mutter, kamen immer alle gern.

Meist begann der Geburtstagstrubel schon am zeitigen Vormittag. Nachbarn kamen, »bewaffnet« mit einer eingewickelten Flasche in der Hand und guten Wünschen für meine Mutter. Der Briefträger, die Putzfrau, der Geschäftspartner, alle schauten herein und nahmen sich Zeit, ihr zu gratulieren und ein langes Leben zu wünschen. So ein volles Haus zu Geburtstagen gab es, glaube ich, nur bei uns, weil jeder bei meiner Mutter ein offenes Ohr für seine Sorgen fand und sie die ihr anvertrauten Geheimnisse auch für sich behielt.

Wir Töchter sorgten an diesen Tagen für das leibliche Wohl. Den ganzen Tag belegten wir in der Küche Brötchen mit Schinken, Ei, Käse oder Fisch, schenkten je nach Wunsch Likör oder Korn aus, wuschen Berge von Tellern, Tassen und Gläsern ab und brachten am Ende des Tages wieder alles in Ordnung.

Aber es war auch für uns immer wieder schön zu erleben, wie sehr die Eltern von allen geachtet und geschätzt wurden.

Die Goldene Hochzeit meiner Eltern im Jahr 1981 und auch den 75. Geburtstag der Mutter 1982 feierten wir alle noch im Gasthaus »Rademacher«. Mama tanzte und saß bis um drei Uhr morgens mit Kindern, Enkeln, Neffen und Nichten glücklich und zufrieden in der Runde und sang mit uns schöne Lieder zum Abschluss.

Am 14. September 1982, acht Monate nach ihrem 75. Geburtstag, war ihr irdisches Leben leider zu Ende.

Skatabende im Winter

Wenn die Obsternte eingebracht war und es abends zeitig dunkel wurde, begann das bescheidene Freizeitvergnügen meiner Eltern. Einmal in der Woche trafen sie sich mit drei befreundeten Ehepaaren, gleichaltrige Obstbauern auf kleinen Bauernhöfen wie sie selbst.

Am ausgezogenen Wohnzimmertisch spielten die Männer an einem Ende leidenschaftlich und ausdauernd Skat. Am anderen Tischende saßen die Frauen, machten Handarbeit und unterhielten sich.

Die Männer spielten an solchen Abenden um Geld, um geringe Beträge freilich, aber der Geldeinsatz erhöhte für sie die Spannung und den Reiz.

Mit roten Ohren saß ich daneben und verfolgte alles aufmerksam, das fachmännische Mischen der Karten, das Ausgeben und vor allem das Reizen. Es ging hoch her.

Zur Entspannung bereitete meine Mutter für alle einen Grog, für die Männer einen »steifen« Rumgrog, für die Frauen einen Weingrog. Das Ganze hatte für mich als Kind immer den Anschein einer richtigen Zeremonie: zuerst das Stück Zucker in ein spezielles Glas, dann kochend heißes Wasser und danach erst Rum oder Wein, anschließend mit einem eigens dafür vorgesehenen Glasstöpsel umrühren. Mit Genuss tranken die Männer beim Skat ihren Rum. Auch für die Frauen war der Weingrog etwas ganz Besonderes.

Wir Kinder tranken stattdessen »Holundersaft-Grog«, unser Allheilmittel.

Interessant waren für mich als Kind diese Abende vor allem wegen der vielen interessanten Gespräche. Während sich die Frauen meist über Haushalt und Kinder unterhielten, sofort aber das Thema wechselten, wenn wir Kinder in der Nähe waren, ging es bei den Männern viel spannender zu.

Darum saß ich meist bei den Männern, schaute ihnen beim Skatspielen zu und lauschte ihren Geschichten.

Immer und immer wieder sprachen sie über ihre Erlebnisse im Krieg und in der Gefangenschaft, welche Schrecken und

Ängste sie ausgestanden, welche schlimmen Erfahrungen sie gemacht hatten. Sonst sprach im Alltag nie jemand darüber, aber in so einer vertrauten Runde öffneten Grog, Freunde und eine warme Atmosphäre ihnen die Seele, sprachen sie mit denjenigen, die es nachfühlen konnten, über ihre Wunden.

Jeder wusste, dass der andere im Krieg, in der Gefangenschaft die gleichen Ängste, Enttäuschungen und Demütigungen ertragen hatte. Wenn auch mit mancherlei Blessuren, so gehörten sie doch zu den Glücklichen, die einigermaßen heil aus dem Krieg heimkehrten, die ihre Heimat nicht verlassen mussten und die ihre Familien zu Hause gesund vorfanden. Die seelischen Verletzungen aber, die ihnen Krieg und Gefangenschaft zugefügt hatten, die brauchten Jahre, um zu vernarben und rissen an solchen gemeinsamen Skatabenden immer wieder auf.

Leider kann ich mich an keine Einzelheiten dieser Gespräche erinnern. So blieb mir auch ihre politische Denkweise für immer verschlossen, obwohl sie mich vor allem auch aus heutiger Sicht interessiert hätte. Wie weit waren sie verführt worden, wie weit freiwillig mitmarschiert? Welche Enttäuschungen erlebten sie in dieser Hinsicht? Hatten sie erkannt, dass sie verführt worden waren?

Aus heutiger Sicht stellt sich das für manche einfach und klar dar. Manchmal scheint es fast so, als ob damals niemand für die Nazis gewesen wäre, niemand etwas von der unheilvollen Entwicklung wahrgenommen hätte. Natürlich waren die Informationsmöglichkeiten auf dem Land damals sehr gering, aber ich weiß auf diese Fragen bis heute keine Antwort. So war niemand von den Freunden meiner Eltern je in der NSDAP, aber sie sprachen eben nicht darüber, sie verdrängten es und wandten sich mit aller Kraft dem Neuanfang zu. Dafür arbeiteten sie hart und schwer. Für sich und für die Familie ein neues Leben zu schaffen, das brachte ihnen Hoffnung und innere Befriedigung. Die Kinder sollten es einmal besser haben!

Aber – diese Abende mit den Erwachsenen, diese für mich damals fremden Gespräche sind mir noch heute in Erinnerung. Ich habe sie geliebt.

Bunte Festtracht

Hochzeitsfeiern

Hochzeiten waren damals bei den Bauernfamilien nie die alleinige Privatangelegenheit von Braut und Bräutigam, sondern öffentliche Feste, die im ländlichen Zusammenleben eine wichtige Rolle spielten. Das ist im Alten Land zum Teil auch heute noch so.

Vor der eigentlichen Hochzeit gab es für das Brautpaar viel Arbeit. Die neue Wohnung musste eingerichtet werden – nicht umsonst bekamen die Mädchen damals beginnend ab der Konfirmation jährlich zum Geburtstag und zu Weihnachten überwiegend Bettwäsche, Handtücher, Tischdecken oder Besteck für die künftige Aussteuer geschenkt –, die Papiere mussten beim Standesamt eingereicht werden, damit alle rechtzeitig im Schaukasten der Gemeinde vom Hochzeitstermin erfuhren, die Gästeliste aufgestellt und das Gasthaus geordert werden.

Meist gab das Brautpaar in einer Anzeige der örtlichen Tageszeitung den Hochzeitstermin bekannt und hieß Gäste herzlich willkommen. Nun meldeten sich Verwandte, Freunde und Nachbarn als Gäste an, eine stattliche Anzahl. Aber im großen Saal des Gasthauses »Rademacher« war für alle Platz! Und jeder Gast beteiligte sich an den Kosten! Das war eine feine, gerechte Sache.

Ein oder zwei Tage vor der Hochzeit trafen sich alle im Haus der Brauteltern zum traditionellen Polterabend. Freunde, Bekannte und Nachbarn brachten Unmengen an altem Geschirr mit, das sie vor dem Haus der Braut zerschlugen, »polterten«. Die jungen Männer zogen in nur schwer erreichbarer Höhe Wäscheleinen mit aufgehängter Kinderkleidung und stellten einen alten Kinderwagen auf das Hausdach. Auch die neue Wohnung des Brautpaares blieb von Späßen nicht verschont; mit Vorliebe warteten Erbsen in Betten und Polstern auf das junge Paar, störten diverse versteckte Wecker in der Hochzeitsnacht, die dann auch für die Brautleute meist sehr kurz war.

Nach der standesamtlichen Trauung am Vormittag fuh-

St. Martini-Kirche in Estebrügge. Dort wurde ich 1953 konfirmiert, meine Geschwister Annemarie und Claus getraut.

ren das Brautpaar und die Gäste nachmittags mit der Kutsche oder mit geschmücktem Auto nach Estebrügge in die Kirche.

Alles war sehr feierlich: aufgeregte Blumenkinder, eine Braut in langem, weißem Brautkleid mit Schleier und oft auch mit langer Schleppe, ein Bräutigam in schwarzem Anzug, manchmal mit Zylinder und weißen Handschuhen. Fast alle Frauen trugen lange Kleider.

Pastor Skowronnek hielt eine kraftvolle Predigt und Herr

Specovius, sein Schwager, spielte wunderbar auf der Orgel. Es war immer sehr festlich und schön.

Nach der kirchlichen Trauung feierten alle bei »Rademacher«. Ein riesiger, mit Girlanden geschmückter Saal, lange festlich gedeckte Tafeln mit Tischschmuck, feinem Silberbesteck, funkelnden Gläsern und leuchtenden Kerzen erwarteten das Brautpaar und die Gäste.

Bevor das Festmahl aufgetragen wurde, überbrachten die Gäste Glückwünsche an das Brautpaar und die Brauteltern. Anschließend trugen die Kellner unter Musikbegleitung die Suppenterrinen herein und schenkten zunächst allen Gästen Wein ein, die bekannten Sorten, »Niersteiner Domtal«, »Zeller Schwarze Katz« oder »Kröver Nacktarsch«.

Waren die Suppenteller abgeräumt, blieb bis zum eigentlichen Hauptgang des Festessens genügend Zeit für erste »Einlagen«. Traditionell gratulierten nun die Verwandten dem Brautpaar. Geschwister oder Freunde verlasen die selbst gefertigte Hochzeitszeitung.

Nach dem Hauptgang, der in der Regel aus zweierlei Braten, Kartoffeln, Gemüseplatten und verschiedenen Salaten bestand, traten meine Schwester Annemarie und ich zu unserer Einlage nach vorn.

Nachdem wir uns in der Zwischenzeit hinter dem Vorhang mit Blusen, Röcken und Hüten aus Urgroßmutters Zeiten verkleidet hatten, beklagten wir nun die Hochzeit des Treulosen mit einer anderen! Bündel von Liebesbriefen zeigten wir herum, dazu einen beim Küssen verlorenen Zahn und schöne schwarze Locken als Beweis vergangener Liebesschwüre.

Das hat uns immer wieder aufs Neue viel Spaß bereitet. Die Gäste bogen sich vor Lachen und quittierten unseren Auftritt mit viel Applaus. Meist mussten wir zusätzlich noch einige Gedichte vortragen.

War das Festmahl beendet – es gab damals, Anfang der fünfziger Jahre, zum Dessert bereits Eis –, bauten wir die Tische an der Seite auf und die Kapelle bat zum Tanz. Zunächst standen wir alle im Kreis auf der Tanzfläche und sahen dem Brautpaar zu. Auch jetzt fielen uns noch viele Prüfungen und lustige Streiche für das Brautpaar ein; manchmal wurde die Braut sogar entführt. Irgendwann später warf die Braut den Brautstrauß in eine Gruppe junger Mädchen. Wer von ihnen diesen auffing, konnte vielleicht die nächste Braut sein.

Bis zum Morgen tanzten und feierten wir ausgelassen. Auch die älteren Verwandten und Nachbarn wagten ab und zu ein Tänzchen und beteiligten sich an der Polonaise. Gegen Mitternacht wartete im Clubzimmer eine gedeckte Tafel auf uns und wir feierten anschließend gestärkt bis zum Morgen weiter.

Solche Ereignisse prägten in der Vergangenheit auch ein Stück Dorfgeschichte.

Hochzeit von Hanna und meinem Bruder Claus 1958 in Estebrügge. Cousine Marlies Marquard ging als Blumenmädchen voran. Verdeckt von Braut und Bräutigam folgten meine Schwester Magda und ich als Brautjungfern.

Bei »Lindemann« ist Tanz!

Nach der Konfirmation fühlten wir uns auch damals schon fast erwachsen. Die meisten von uns beendeten die Schule mit 14 Jahren und begannen eine Lehre. Da ich die Oberschule in Buxtehude besuchte, hatte ich noch etwas Zeit damit.

Meine Freundin aus Kindertagen, Annegret, einige andere Mädchen und ich, wir gründeten damals »Die lustige Neun«. Alles unternahmen wir gemeinsam und hatten eine Menge Spaß miteinander. Unsere Eltern ließen uns getrost zusammen losziehen, vor allem, als wir 17, 18 Jahre alt waren. Auch zum Tanz gingen wir immer gemeinsam.

»Bei Lindemann ist Tanz.« Das war für uns ein Zauberwort! Das Gasthaus »Lindemann«, damals ein großes, renommiertes Haus in Estebrügge, unserm Kirchdorf, war etwa drei Kilometer von zu Hause entfernt.

Estebrügge ist zwar auch ein Reihendorf am Estedeich, aber viel kompakter angeordnet als Königreich. Es gibt keine Bauernhöfe im Dorf. Hier ist der Tidenhub der Este nicht mehr so stark; auf dem ganzen Deich stand ein Haus neben dem anderen – kleinere Häuser der Schiffer und Fischer, zwischen den Häusern sollte eine Spundwand bei Sturmflut ein Überfluten verhindern.

Estebrügge empfanden wir damals schon fast wie eine Kleinstadt. Es gab viele kleine Geschäfte, eine Sparkasse, eine Post, Lebensmittelläden, sogar ein Fischgeschäft, einen Schreiner und natürlich die Kirche mit großem Friedhof.

Bei »Lindemann« war Tanz! Auf der Bühne saß eine große Kapelle, die alle damals beliebten und begehrten Schlager spielte. Rund um die große Tanzfläche standen die Tische. Wir mussten rechtzeitig da sein, um einen Tisch für uns alle zu ergattern. Festlich gekleidet und sehr aufgeregt waren wir gespannt, wer von den jungen Männern wohl da sein würde!

Die besagten jungen Männer lehnten meist scheinbar leger an der Theke und warteten auf den nächsten Tanz. Dann fegten sie quer über die Tanzfläche und verbeugten sich vor der begehrten Herzensdame. Damals besuchten viele nach der Schule eine Tanzstunde und lernten dort gutes Benehmen und die wichtigsten, damals modernen Tänze wie Walzer, Foxtrott und Tango.

Manchmal forderte die Kapelle zum »Abklatschen« auf: Mitten im Tanz brach plötzlich die Musik ab, wir trennten uns von unserem Partner und suchten auf der Tanzfläche nach dem nächsten Tanzpartner. Das machte Spaß.

Besonders liebten wir Mädchen die Damenwahl. Da brauchten wir nicht am Tisch auf einen Tanzpartner zu warten, sondern durften uns selbst jemanden aussuchen.

Manchmal wurden wir von unserem Tanzpartner zu einem kleinen Getränk an die Theke oder in die Bar eingeladen. Das war jedes Mal etwas Besonderes. Meist tranken wir Brause oder ein Gläschen Wein.

Nach Mitternacht gingen wir die drei Kilometer wieder zu Fuß nach Hause. Wenn wir Glück hatten, nahm uns jemand mit dem Auto mit. Unsere Eltern hatten immer volles Vertrauen zu uns. Aber zum Tanz gefahren haben sie uns nie.

Zu Hause träumten wir dann vom nächsten Tanz – vielleicht war dann ein Prinz dabei ...

Gern erinnere ich mich auch an Kostümbälle. Auch wir »Nordländer« feierten jedes Jahr bei »Lindemann« Fasching und schneiderten uns dafür die ausgefallensten Kostüme. Es ging immer fröhlich und ausgelassen zu.

Ausbesserungen am Deich, tief dahinter steht ein Bauernhaus

Sturmfluten

Unser Bauernhaus stand in Königreich, heute ein Ortsteil von Jork, direkt hinter dem Estedeich. Nur ein knapper Meter war es vom Fuß des Deiches bis zur Hausfront. Auf dem Deich war früher der Verkehrsweg. Hinter dem Haus lag landeinwärts der Hausplatz, der dann in den Obsthof überging. Der Obsthof war zwei Felder breit, das schmale Stück war 16 Meter breit, das breite 20 Meter.

Später wurde eine breitere Straße gebaut, die unseren Hof direkt hinter dem Hausplatz durchquerte. Auf der einen Seite der neuen Straße lag also das Bauernhaus, auf der anderen Seite das »neue Haus«, 1936 vom Großvater als Altenteilerhaus gebaut, die Waschküche mit dem sich anschließenden Schweinestall, der große Misthaufen, der Hühnerstall und dann der Obsthof. Gegenüber vom neuen Haus lagen der kleinere Gemüsegarten, der große war im Obsthof, die Obstscheune, die Garage und der Schuppen für Wagen und Werkzeuge.

Die Lage direkt am Deich ist schön, aber manchmal wirkt sie auch bedrohlich. Die Este, einer der drei Flüsse, die das Alte Land unterteilen, fließt direkt hinter dem Deich in Richtung Elbe und steigt und fällt mit den Gezeiten der Nordsee und der Elbe. Zweimal am Tag drückt das Wasser in den Fluss, bei Ebbe fließt es dann wieder ab.

Aber manchmal im Herbst und Winter pressen heftige Stürme so stark gegen die Fließrichtung der Flüsse, dass das Wasser bei Ebbe nicht abfließen kann, sondern stehen bleibt. Dann kommen bei der nächsten Flut von der Nordsee her zusätzliche Wassermassen und lassen die Flüsse bedrohlich ansteigen. Bei der Sturmflut 1956 stieg das Wasser bis 10 Zentimeter unterhalb der Deichkrone. Der Deich hinter unserem Haus ist etwa 4,50 Meter hoch, die Wohnzimmerdecke im Haus war etwa 2,50 Meter hoch. Das Wasser stand also viel höher als die Decke unserer Wohnräume.

Da sorgt man sich dann, ob bei der Deichschau wirklich keine Mauselöcher übersehen worden waren, die den Deich von unten aushöhlen können. Denn ein Deichbruch reisst al-

1949 Unser Bauernhaus in Königreich vom Hof aus gesehen. Quer vor dem Haus verläuft die öffentliche Straße und trennt den Hof vom Haus

les ein, da gibt es kein Entkommen. Die großen Bracks, tiefe Seen, die durch solche Deichbrüche entstanden sind, geben Zeugnis von der Gewalt des Wassers.

Man hat von großen Sturmfluten in der Vergangenheit gehört: die große Julianflut von 1164 zerstörte das eben vom Erzbischof von Bremen ins Leben gerufene Kolonisationswerk der holländischen Siedler. Allerkindleinsflut 1248 und Marcellusflut 1362, bekannt auch als »de grote Mandranke« brachten Tod und Verderben. Tausende kamen um. Die Cäcilienflut von 1412 riß den Hahnöfer Sand vom Festland. Die Allerheiligenflut von 1570 zerstörte vor allem die dritte Meile. Allein im letzten Viertel des 17. Jahrhunderts gab es zehn große Sturmfluten. Dann kam die große Weihnachtsflut am 14. Dezember1717. Hunderte ertranken an der Unterelbe, vor allem im Hamburger Gebiet. Diese und weitere schwere Sturmfluten der Vergangenheit schwangen stets im Unterbewusstsein mit, wenn der Sturm heftiger wurde und die Konstellation besorgniserregend.

1956 war es gerade noch einmal gut gegangen. Danach wurde an der Estemündung in Cranz eine größere Schleuse gebaut, die einen gefährlichen Zufluß von Elbwasser in die Este stoppen soll. An die Einweihung 1957 durch den damaligen Verkehrsminister Seebohm erinnere ich mich.

1962 studierte ich in Hannover. Am 16. Februar endete das Semester, ich kam am Spätnachmittag für ein freies Wochenende nach Hause. Danach wollte ich ein halbjähriges Gemeindepraktikum in Hildesheim antreten.

Meine Schwester Annemarie mit ihrem Mann Henry, mein Bruder Claus mit seiner Frau Hanna wie auch mein Vater waren in Jork bei Cousin Dietrich eingeladen. Meine Mutter und ich freuten uns auf einen ruhigen Abend – wenn nur der Sturm nicht so heftig gewesen wäre. Allmählich wurde es unerträglich, dann fiel der Strom aus. Es war stockdunkel, wir hatten nur ein paar Kerzen im Haus. Wir telefonierten mit Jork – dort hatte man inzwischen keine Zeit zum Feiern. Dietrich war zu dieser Zeit in der Deichrichterkommission und alle Männer waren in ihren guten Anzügen gleich zum Einsatz eingeteilt worden.

Man kann sich einen durchdringend heulenden Sturm hinter dem Deich in absoluter Dunkelheit nicht schrecklich genug vorstellen. Gegen Mitternacht kamen Annemarie und Hanna von Jork mit dem Auto und wir beschlossen, alle zusammen mit den schlafenden kleinen Kindern zur höher gelegenen Geest nach Mienenbüttel zu fahren , wo Annemarie und Henry wohnten. Das liegt etwa 23 Kilometer entfernt und wäre bei einem Deichbruch sicher. Als wir in Buxtehude vor dem Rathaus ankamen, begannen gerade die großen Glokken der St. Petrikirche Sturm zu läuten. Auch hier war es stockdunkel, der Sturm heulte und die Glocken läuteten. Das werde ich nicht vergessen.

Auch in Annemaries Haus auf der Geest gab es kein Licht und wir zündeten Kerzen an und beteten für die Männer, die draußen ihren Dienst taten und für alle, die in Gefahr waren.

Am nächsten Morgen erfuhren wir, dass der Deich an mehreren Stellen, vor allem in Neuenfelde, gebrochen war, allerdings nicht in unmittelbarer Nähe des Elternhauses. Unsere Männer waren in Sicherheit, aber 315 Menschen sind in jener Nacht ertrunken.

Das Wasser stand 14 Tage in den Kellern und Häusern und konnte nicht abgepumpt werden. Ich habe noch einige Erinnerungsstücke daran, denn meine Bücher und meine Aussteuer waren aus Platzgründen im Keller des neuen Hauses gelagert. Die roten Bänder um Tischdecken und Bettwäsche hinterließen ihre Spuren – die rote Farbe war ausgelaufen. Beim silbernen Essbesteck waren die Klingen der Messer aus den Schäften gegangen. Die Bücher und die Briefmarkensammlung mussten auf dem Boden getrocknet werden – nur meine Lieblingsbücher überlebten gewellt für alle Zeiten diese Tage.

Der Elbdeich wurde nach dieser Flut noch einmal erheblich verbreitert und auf acht bis neun Meter über Normal erhöht. Als ich im Spätsommer 1962 wieder zu einem Besuch nach Hause kam, zeigte mir mein Vater die noch sichtbaren Deichbrüche und den Neuaufbau des Elbdeiches.

Gott sei Dank haben die Deiche im Alten Land seitdem allen Stürmen getrotzt.

Reihe ZEITGUT
Die fesselnde Geschichte des Alltags aus erster Hand

Stöckchen-Hiebe.
Kindheit in Deutschland 1914–1933
52 Geschichten und Berichte von Zeitzeugen
336 Seiten mit vielen Abbildungen,
Ortsregister, gebunden.
Band 3
ISBN 3-933336-02-3, EUR 18,90

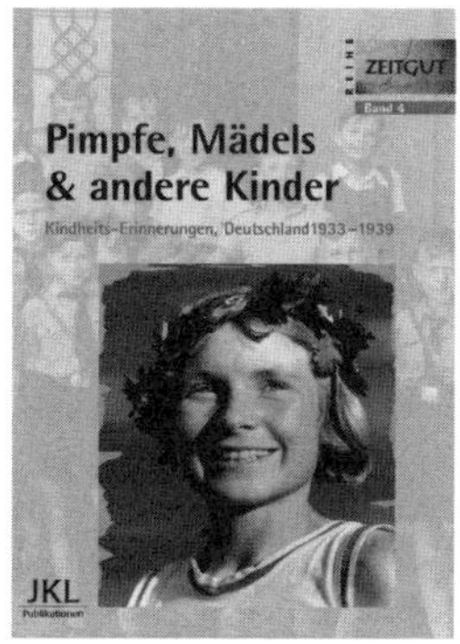

Pimpfe, Mädels & andere Kinder.
Kindheit in Deutschland 1933–1939
55 Geschichten und Berichte von Zeitzeugen
322 Seiten mit vielen Abbildungen,
Ortsregister, Klappenbroschur.
Band 4
ISBN 3-933336-03-1, EUR 18,90

Heil Hitler, Herr Lehrer!
Kindheit in Deutschland 1933–39
50 Geschichten und Berichte von Zeitzeugen
360 Seiten mit vielen Abbildungen,
Ortsregister, Chronologie, gebunden.
Band 13
ISBN 3-933336-12-0, EUR 18,90

Gebrannte Kinder.
Kindheit in Deutschland 1939–1945
61 Geschichten und Berichte von Zeitzeugen
368 Seiten mit vielen Abbildungen,
Ortsregister, gebunden.
Band 1
ISBN 3-933336-25-2, EUR 18,90

Weitere Informationen unter www.zeitgut.com

Reihe ZEITGUT
Die fesselnde Geschichte des Alltags aus erster Hand

Wir wollten leben.
Jugend in Deutschland 1939–1945
40 Geschichten und Berichte von Zeitzeugen
344 Seiten mit vielen Abbildungen,
Ortsregister, gebunden.
Band 5
ISBN 3-933336-24-4, EUR 18,90

Wir sollten Helden sein.
Jugend in Deutschland 1939–1945
38 Geschichten und Berichte von Zeitzeugen
331 Seiten mit vielen Abbildungen,
Ortsregister, gebunden.
Band 12
ISBN 3-933336-11-2, EUR 18,90

Hungern und hoffen.
Jugend in Deutschland 1945–1950
48 Geschichten und Berichte von Zeitzeugen
361 Seiten mit vielen Abbildungen,
Ortsregister, Chronologie, gebunden.
Band 10
ISBN 3-933336-06-6, EUR 18,90

Zwischen Kaiser und Hitler.
Kindheit in Deutschland 1914–1933
47 Geschichten und Berichte von Zeitzeugen
368 Seiten mit vielen Abbildungen,
Ortsregister, gebunden.
Band 15
ISBN 3-933336-16-3, EUR 18,90

Weitere Informationen unter www.zeitgut.com